創生方舟

Local Revitalization Practices

社區的文藝復興
在廢墟中找到鑽石

李永萍 著

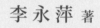

目錄

目錄

CHAPTER 3

瑞芳老街瓶安燈　點亮文化生命力　089

目錄

CHAPTER 4

CHAPTER 5 從海底開始　富裕萬里新願景　159

目錄

推薦序
以藝術文化引導地方創生的智慧結晶

能有機會爲本書推薦寫序，不但是一份榮幸，更是一種享受。這是我目前所看過所有以地方創生爲題的專書或報告當中，看法獨到，說法有感、做法有用、論述有系統、內容最完整的一本專書，作者提出以藝術文化引導地方創生的主張，分享自身參與實務工作的經驗與智慧，值得所有關心地方創生的產官學研各界人士閱讀，尤其是那些目前正在協助偏鄉推動地方創生的所有夥伴。

從台灣大學退休以前，我長期開授都市再生與地方發展的相關課程，並從事相關的研究，所接觸的參考文獻與個案實例幾乎都是國外資料。對學生而言，因爲語文障礙與地方陌生，學習效果難免會有折扣。不僅是因爲本書以中文書寫，容易閱讀，以台灣的城市及鄉村爲討論個案，方便實地參訪印證，更重要的是作者打破了傳統以公共建設帶動地方發展的迷信，引進以藝術文化與創意設計提升環境體驗價值的地方創生新思維。此外，本書的內容涵蓋了地方創生所需要的制度法令以及實戰技法，同時兼顧了理論的分析與實務的操作。若不是作者本身具有立法委員、台北市文化局長、副市長的政治與行政歷練，同時又親身積極投入台灣東北角地區偏鄉的地方創生工作經驗，實在是寫不出這種既有創意又充滿智慧的讀本。如果說作者出版本書之目的是要分享知識，讓不同地方都可發展出適合當地的「解決問題組合拳」，那麼本書其實就是一本教人自練神功的葵花寶典。

在此特別要恭喜新北市的平溪、瑞芳、金山與萬里等地區的鄉親們，本書的出版不但有助於行銷這幾個地方的文化地景特色，讓外地人更認識當地的歷史故事，更值得恭喜的是這些地方的創生工作得到了作者李永萍理事長本人的親自參與以及積極推動，未來充滿了希望。永萍理事長帶領台灣藝術創生文化基金會的夥伴與志工，結合民間資源與活力，熱情的奉獻智慧與經驗，地方不但可以得到創生，更有機會邁向永續發展。

誠如作者所說，地方創生是一個全國性的共同課題，而不是偏鄉地區的個別問題。面對台灣日益嚴重的人口老化、少子女化、特別是農村人口外流等發展趨勢，城鄉差距日益擴大。如何爲偏鄉地區創造經濟活力，吸引年輕人口居住，改善生活環境品質，進而保育自然資源與保存文化資產，此乃國家治理與國土發展的重大課題。現階段地方創生的工作雖然已經得到國家的重視，但與推動成功還有很大的差距。其實，地方創生推動過程所遭遇的困難與所需要的解決方式非常複雜，既有的法令規定不但無法解決問題，甚至法令本身就是需要被解決的問題。因此非常支持作者的呼籲，爲了長期性與全面性的推動地方創生，排除現行法令限制，提供更充分的行政資源，制定專法實屬必要。

相對於都市的人口聚集，偏鄉人口稀少，經濟規模不足以支持必要水準的公共設施與服務，尤其是家庭生活所必須的學校與醫護設施。解決偏鄉發展的痛點，未來的地方創生必須結合以資通訊科技爲基礎的智慧城市發展方法，提供遠距公共服務，發展新型態的商業服務。

另一方面，台灣偏鄉本來就有很多的好山好水、好文化與好地方，只可惜沒有得到國人的注意與青睞。去年受到新冠肺炎疫情的影響，出國觀光受到很大的衝擊，或許這反而是偏鄉推動地方創生，吸引國內休閒體驗的大好機會。本書結合作者文化藝術與行政歷練的智慧結晶，選在此時出版，剛好可以為地方創生推動工作提供當前最迫切需要的知識基礎以及解決問題的組合拳。甚至，我期待本書所討論的個案將會成為未來國外人士前來取經的參訪對象。

林建元

台灣智慧城市發展協會理事長

台灣大學建築與城鄉研究所退休教授

前台北市副市長　財政局長

推薦序
海陸空三棲女超人

身為一位親力親為設計師的我，如果不是在2009年接下台北縣一鄉一特色文創商品開發案，對當時的二十九個鄉鎮有基本的認識，就無法感受到永萍姐在短短的一年中，深入新北市七星區，親吻每一寸土地、接觸每一位地方關鍵人物、一一深入了解訪談，啟動了無數大小會議，詳實記錄各種問題，並形成地方創生的重要論述，最後提出解決方案的巨大能量如此擊中靶心，其驚人之舉，世界上如果有這種人，可以稱之為超人了！

大部分的人看事情的角度，總是站在自己專業的理想性、以自己為中心、或對自己有利的立場，所以碰到問題不得其門而入時，往往歸咎於政府部門、地方勢力、派系角力、個人偏好等預設立場，因為不善溝通，導致一片熱血被澆熄。我常近身接觸永萍姐處理各種繁雜事務，她總能夠從容的以即時救援之勢，馬上提出務實的SOP步驟，且有問必答、有招接招，直搗問題核心的提出解決方案，如果有哪些困難關卡需要突破，她也無私獻出自己的關係來協助解決。

這些超能力來自掌心、手背、及握起拳頭的組合拳，三者凝聚成強而有力的鐵三角！

掌心主要來自她：

對政治運作嫻熟及豐富人脈經營的事業線；

對協調部會組織及解開疑難雜症的智慧線；

對整合地方資源及接軌市場經濟的生命線；

對親自上天下海及獻身公共事務的感情線；

手背主要來自她：

串連政府與民間、城市與鄉村、空間與藝術、傳統與時尚、大老與新銳等多重關係，建構拓展一條觀光經濟可行性之布局。

最後由作者打造提出的「組合拳」：

正是《創生方舟》書中的經驗精華核心價值，其中最重要的是如何解決土地法規的問題，此對應政府推動2019年爲台灣地方創生元年的啟動，永萍姐以其走訪新北市七星區的所見所聞，量身打造提出的創生藍圖，尤其針對尚待解決的高難度問題，提出解套建議方案，這也是許多地方面臨的困境；書中呈現各偏鄉已落實執行的個案分析，並搭配圖片對照，應是當前台灣各地實施地方創生規劃，最值得學習參考的一本隨身寶典。

這本書中，有賣老、也賣青春，有賣童年、也賣金礦，有說傳奇、也說實境，更有永萍姐不要命的飛上天又潛入海中的玩命田調，而她連游泳都不會，爲了那無可救藥愛鄉土的熱情，不畏怯的親自上陣，爲了地方創生，她什麼都願意嘗試，這樣的人我稱她是天下無敵海陸空三棲女超人！

這本《創生方舟》，必需人手一本，你才能成爲地方創生中的尖兵！

程湘如

頑石文創　創意總監

推薦序
以文創行俠

展閱《創生方舟》，被其中的理想與熱情吸引。書中對於平溪、瑞芳、金山、萬里的討論，包括問題分析和發展策略，都令人省思。永萍再次展現她的文創視野，和對於複雜問題的敏銳觀察。

大學讀外文系、留學紐約學新聞、創辦劇團和雜誌、推動數位科技發展，可以說，文化產業和創意產業，是永萍一直深耕的領域。從政之際，她將文創思維廣泛應用，包括文化資產保存、街區振興、都市更新、藝術節慶、兩岸經貿、科技創新等，都產生顯著影響；甚至2010年通過施行《文化創意產業發展法》，時任立法委員的永萍，是主要催生者和推動者。

1995年，文建會推動「社區總體營造」，提出「文化產業」支持社區發展。行政院於2002年提出「文化創意產業」，擴充了文化產業的內容；而後2019年推動「地方創生」，文創產業和地方發展緊密連結。永萍在書中對於案例地區的創生構想，超越了浪漫的文創想像，指向牽涉複雜的法規，例如《國土計畫法》、《都市計畫法》、《都市更新條例》、《文化資產保存法》等，不僅提出方案，也建議另立《地方創生法》。事實上，法規制度僵化是文創的障礙；用文創推動地方創生，首先必須檢討法規、進行必要的鬆綁，這是日本與台灣推動地方創生的核心精神。只可惜，嚴肅議題總被表面的熱鬧所掩蓋，令社會產生誤解，以爲地方創生不過是「吃喝民宿、大地藝術、商品設計、網美拍照」，忽略了結構困境的探討，更忽視眾多紮根社區的朋友，早已付出了多年的努力。

近年永萍勤跑兩岸，爲台灣文創產業開發市場。她深切了解，過去二十年台灣文創產業對大陸的深遠影響；如今大陸眾多偏遠村莊，依舊模仿著台灣的社區營造和文化產業，尋找鄉村振興之路。永萍看到台灣的機會，這是她急切參與基層實務，從根本出發的信念所在。

出書並不能解決實務問題；相信這本書只是永萍的初步藍圖，她已經決心投入、就會長期奮戰。期待這本書不斷出版續集，展現四個案例的創生經過，如何從目前的蕭索邁向振興，成爲台灣地方創生的標竿。

于國華
國立台北藝術大學藝術行政與管理研究副教授兼所長

推薦序
從原點做起　讓在地重生

「地方創生」理念起源於日本，我國政府近年援引相關學說與經驗，把「地方創生」納入重大施政計畫，也高舉2019年為台灣地方創生元年。

根據「地方創生」提倡者神尾文彥、松林一裕的見解，「地方經濟樞紐再生」可憑藉七項處方箋，其中一項是「篩選並聚積地域資源，以求差異化」。文化藝術作為一種資產，很自然成為執政者必須重視的「地域資源」之一。

文化藝術跟經濟的關聯自古即有，但作為一個地區與國度主要經濟驅動力的概念，則是二十世紀後才蔚然成形，也就是文化藝術可視同一種不容小覷的「資本」帶動地區經濟成長。

相關具體案例從第一次世界大戰後劇場導演賴恩哈特等人成立「薩爾茲堡藝術節」，到近年英國政府高喊「創意產業」等，無非希望藉由文化藝術所具備的「象徵價值」與「功能價值」，在發揚眞、善、美等人文理想的同時，也能找到經濟提振的契機。

但到底哪些文化藝術可成爲提振經濟的「資本」呢？這不是一個簡單問題。以文化觀光爲例，全球開發中國家普遍遭遇一大困境：以美國爲首的資本主義挾帶工業文明、資通訊產業的範式，蔓延到全世界，造成文化研究所稱的「現代性的席捲」。

它遮蔽所有地區的原生文化（genuine culture），也顚覆了「文化多樣性」，使得全球城市到處聳立著千篇一律的玻璃帷幕鋼骨建築，舉目所及麥當勞、肯德基、7-11 等制式連鎖店充斥在大街小巷，年輕人普遍穿著美式嘻哈打扮，哼唱著節奏藍調或饒舌歌曲。近年中國大陸出現的「千城一面」奇景，就是這種現象的具體病徵。

換句話說，全球觀光客到其他地區旅遊，絕對不想看到日常習見的現代性文化。他們渴望的是每個地區的「原生文化」。但這些文化資產往往被現代性掩蓋住了，如果要躋身「文化資本」之列，必須經過發掘與盤點，找出獨具的特色與賣點，經過縝密的規劃並落實在施政中，才能有效達成提振經濟的目標。

如上所述，神尾文彥、松林一裕在提出「篩選並聚積地域資源」處方箋時，也特別強調要「力求差異化」。它牽涉到兩大環節，一是在地區的人文、景觀與自然生態（也就是文化研究所稱的「原生結構」）中發掘出眞正的原生文化，唯有原生文化才具有「差異化」的本錢，另一則是藉此打造出成功的文化創作、商品與服務，這些在在考驗著執政者的眼光與施政能力。

就此而言，李永萍小姐最近成立「台灣藝術創生文化基金會」，對新北市偏鄉提出了文創提振經濟的建議。以往她擔任台北市副市長與文化局長任內，完成大稻埕、西門紅樓、剝皮寮、松山菸廠等歷史街區與建物的改造與活化，政績有目共睹，如今發願在新北市推動地方創生，並藉由專書闡述她的觀察與理念，無疑令人充滿期待。

對於新北偏鄉的未來，她根據親身考察心得以及以往施政經驗與成果，提出「平溪新世代重塑礦鄉文化路徑」、「瑞芳老街瓶安燈點亮文化生命力」、「奇廟金山媽庇護海角新經濟」、「從海底開始富裕萬里新願景」等建議。令人驚奇的是，美國知名學者迪恩・麥肯諾（Dean MacCannell）所分析的「景象神聖化」（Sight Sacralization）文化觀光賣點（attractions）建構模式，也在此書中得到印證。

比如李永萍走訪了金山慈護宮，發現當中有台灣媽祖廟罕見的「媽祖肚中有媽祖」的塑像。她做了如同學術的田野調查，訪談慈護宮董事長，賦予該媽祖塑像文化價值與意義。此外，她盤點了瑞芳老街的文化與歷史基因，取材台灣設計師楊佳璋針對老街改造提出的公式，標榜「創造地方自鳴性」。

這些都吻合「景象神聖化」所列舉的觀光景點建構原則，包括「命名」、「框架與提升」、「機械複製」、「社會複製」等，都是地區打造成功文化旅遊的關鍵。新北市偏鄉文化資源原本就稀缺，唯有仰賴具有專業藝術涵養與企圖心的施政者深入民間，才能從常民文化與社會生活中，找到新的地方創生契機，這恰好是李永萍最擅長之處。隨著本書問世，她對下一階段的人生目標，顯然已胸有成竹。

潘罡
國立台南藝術大學應用音樂學系助理教授

推薦序
找到好問題　才是成功關鍵

「地方創生」在台灣喊得震天價響，其目的是爲了推廣地方特色文化與產業發展，促進人才回流、振興地方經濟等「問題」，爲了這個問題提出的策略方案，如何規劃、設計，找到符合的策略方案，又是另一個「問題」，找到對的問題，有系統的挖掘與發展，才會開鑿出活水渠道。

如何找對問題點來發展出策略性與系統化的有效整合方案，並有目標性的長期持續運營？特別推薦李永萍董事長精心規劃出版的《創生方舟》，這本書從找到「對」的「問題」出發，以四個正在發生的地方創生專案，有文創園區、產業發展、環境保育、文化資產等案例，這些都是永萍董事長以往的經驗與專業，從系統與專業的角度才能找到解決問題的「可能性」方案與策略，讓計畫的成功機率大大的、有效的提升。

這一書的出版，在專案實務的「問題」研究上，提供了第一步的方法，並且以具備產官學的三路經驗背景下，對於地方發展的政策性、高度性、專業性有豐富層次的觀照。從出版的角度，本書也指涉了專案計畫是一種進行式的動態，非僅是一家之言，或是已完工的經驗分享而已，開放了對於專案計畫進行的更多元的可能性與趣味性，永萍董事長與基金會將持續關注這些案例的發展，依據個案的發展進程，也會即時在其他數位載具上的發表，如此一來，本書出版的未來性與參與度就更加開闊了。

希望本書的出版能勾起有志地方文化特色的朋友們、外漂的遊子們對地方文化、創意經濟產業的興趣與對故鄉的鄉愁，一起來發掘打造屬於地方的新生命。面對「問題」，地方創生不是只爲了觀光發展，回歸原點思考是用尋找並傳承在地文化與自信，以創意振興經濟與生活幸福感。用12個圓畫一隻豬，12道歸0思考，傳統文化符碼中豬又代表經濟財富，也期許歲歲年年諸事圓滿。

黃傳進
台灣藝術創生文化基金會執行長
八識文創企劃總監

自序
半生努力　回歸初心

爲什麼要從新北市開始推動地方創生？這跟我投入公職以來，致力於空間活化創新的核心價值，以及對民眾的情感承諾有關。

跟新北市結緣是因2019年我投入七星選區立委選舉。在辛勤拜訪選民行程中，體會到雖然大家常說「雙北生活圈」，但實際區域之間存在很大差異。譬如我住內湖，開車到汐止有時只要十分鐘不到的車程，然而內湖發展資源明顯優於汐止，就不必說平溪、貢寮、雙溪、瑞芳、金山、萬里這些地方了，人口老化、年輕人口外移，亟待資源挹注、升級。

要實現城市願景的方法有很多種。

可以大手筆興建文教觀光設施，或利用經濟手段繁榮地方。然而若沒有相對應的發展計畫，前者很容易淪爲閒置空間；後者則可能引入不符合地方需求的惡質產業，尤其當代最不能容忍大拆大建、卻要付出破壞環境生態代價的都市發展模式。我認爲以藝術、文化、創意、品牌來導入、創造出來的產業，是最能擾動地方、最能愛護環境、最能營造地方新契機的策略。

2020年八月，我在汐止成立「台灣藝術創生文化基金會」，以發展地方創生、引入文創、依據地方特色打造品牌、培育人才做爲宗旨，希望能達到讓青年人樂於返鄉就業、讓地方開創生機的目標。

基金會是我實踐紮根地方、兌現服務諾言的平台。早在基金會成立之前，我已在平溪、瑞芳、金山及萬里舉辦了四場「地方創生論壇」，邀請到公部門主管單位及產學界、地方人士提供建言、討論對策。

透過四場論壇，充分了解到地方需求、特色、現有資源及發展困境。針對偏鄉發展遲緩、人口老化，我開始思考運用過去推動台北藝文特區的經驗，配合各地方特色，提出最合宜可行的「解決問題組合拳」，解套地方創生發展困境，讓偏鄉創生計畫得以轉化成具體可行的創生事業。

推動新觀念及新作法需要時間。

十幾年前，我在台北市推動老園區及舊街區轉型創新，當年遇到的主要困難在於，因為缺乏成功案例，所以第一時間大家想像不出來如何跨界整合產業、創意、生活美學於同一場域，隨著多年來各界不懈的努力與嘗試，如今社會已能理解活化場域的重要性及跨界價值，但是要將城市的成熟經驗引入偏鄉，又有新的挑戰，需要很多細緻條件支持。

寫這本書的目的就是希望能結合產官學力量，協助民間與公部門建立信賴夥伴關係，以我過去立委、台北市文化局長、副市長服務公部門的經驗、人脈資源，讓大家熟悉創生路徑，減少溝通成本，有效解決創生難題，期待給各位一本有理論、有實務，並且最接地氣的地方創生專書。

把地方老街區聚落予以新創活化，是我今生的志業。

年輕時候的我著迷於創作，寫小說、編劇本，還創辦環墟劇團當導演。那時有過不少在大街上、廢棄人行地下道或者海邊破倉庫演出的經驗，這段經歷開啟了我對城市空間的關注，後來去紐約大學讀新聞碩士和戲劇研究，紐約的城市生活讓我對公共空間與表演藝術之間的關係，以及文化城市的治理模式，有了深刻的認識。二十幾年前政府擬將現在的華山文創園區做爲立法院新址預定地，當年身爲文化工作者的我很是反對，後來還爲了能把華山這個基地保留下來成爲文創空間，因此投身政治，參選台北市北區立法委員，很幸運的於2001年當選，並於2004年連任。

2007年一月我被延攬進入台北市政府，先後擔任文化局長、副市長。任內推動完成西門紅樓、大稻埕、剝皮寮、寶藏巖、松山文創園區等活化改造。這些地方原本是老街區、聚落、古蹟，但透過創意復興，現在已成知名的多元藝術文化展演空間，也是國際觀光客指定前往參觀的景點，而台北市也成功獲得創意城市「設計之都」的殊榮。

用「文化藝術」擾動地方，是推動地方創生事業最能被大家接受的切入點。這個「藝術」不只是我們認知的藝文展演，還必須與在地文史脈絡連結呼應。「文化之魂」是地方創生的「樞紐」，一旦啟動這個樞紐後，一方面能讓居民感受到生活充滿幸福感，另一方面又能帶動地方發展經濟產業鏈，影響的範圍及成效巨大，可說是新型的城鄉發展策略。

我過去幾年經常穿梭兩岸，擔任文創課程講師與經驗分享。在大陸巡迴演講時，看了不少「鄉村振興」的實踐案例，跟台灣倡導的「地方創生」，都有解決偏鄉發展困境、產業轉型升級的需求，或可互爲借鏡。而日本的地方創生戰略目標及操作手段，也能成爲我們的參考藍圖。

偏鄉創生與復興是一項不簡單、卻意義重大的工作。祈願未來能一步一腳印實現我對地方發展的願景，也盼能以此書集結更多有志一同的朋友們，共同爲台灣地方創生的夢想而努力！

李永萍

CHAPTER 1

● 不要以為地方消滅 不干你的事

國發會 2020 年公布人口推估報告書指出，台灣總人口正式進入負成長，而且「生不如死」情況愈來愈嚴重，很多人憂心台灣也將如日本落入少子化、人口外流、地方產業消失的滅村危機。

「你的家鄉還在嗎」這個話題，會不會是台灣不久之後的未來？沒人知道。唯一肯定的是，現在是需要趕快改變的時候了。

掃描 QR Code
聆聽本章內容

這幾年我與新北市的緣分很深，常常往汐止、平溪、瑞芳、金山、萬里、貢寮、雙溪這幾個地方跑，過程中深入了解地方需求、特色、現有資源及發展困境。當白天繁忙行程結束，夜深人靜時，總是忍不住想，這幾個地方離台北市很近，車程都在一小時之內，有些知名景點如平溪，每年吸引數百萬名觀光客造訪消費，白天熱熱鬧鬧的，但到了傍晚六、七點，遊客就都走光了，很少留下來過夜，就連平溪當地也沒有因爲是旅遊熱點而顯得特別光鮮亮麗——例如總人口數，據統計截至2020年九月有四千四百四十五人，其中老人家占三成，預估三十年後，可能衰退到不足二千五百人，高齡人口應該也會增加。

台灣的偏鄉悲歌

其實偏鄉人口一年比一年減少，一年比一年老化的問題，只是台灣人口結構相關課題之一。根據內政部統計，台灣1993年六十五歲以上老年人口已超過總人口比率百分之七，屬於世界衛生組織（WHO）定義的「高齡化社會」；2010年總生育率「破一」，跌降至歷史新低點〇．八九五人，成爲全球生育率最低國家；2017年老年人口數超越幼年人口數，老化指數大於一百。總總資料顯示台灣人口結構早已出現警訊，而且很難在短期內逆轉高齡化、少子化趨勢，若再加上村鄉產業外移，青壯人口爲就業移居都會，城鄉失衡問題日益嚴重。

爲了改善不斷擴大的城鄉差距，2016年國發會首度師法日本推動「地方創生」理念，委託中華民國工業設計協會執行辦理「設計翻轉　地方創生示範計畫」，遴選屏東縣東港鎮以及金門縣作爲示範操作地點。

「地方創生」這個名詞源於日本。2014年日本新書《地方消滅》預估二十年後將有近九百處地方，也就是偏鄉，將因少子化、高齡化、人口外流、地方產業式微而被重劃。當時的安倍政府認爲事態嚴重，於是提出地方創生政策，以永續偏鄉生機。

國發會借鏡日本經驗，推動設計翻轉地方示範計畫，正是因爲台灣在社會發展上與日本很相似，同樣面臨偏鄉人口老化、青年人口外流等問題。

2018年國發會公布台灣人口推估報告指出，2065年總人口數將減爲一千七百三十五萬人，而且超過七成分布在六都，以及老年人口將占總人口四成多、新生兒有可能低到只剩五萬多人。爲因應此嚴峻情況，行政院宣示2019年爲台灣「地方創生元年」，指示國發會提出國家級地方創生戰略計畫。國發會隨之依據人口變化、居民收入、資源運用順序，於全台三百六十八個鄉鎮市區匡列出一百三十四個優先推動地方創生地區。

沒想到才過兩年，國發會2020年公布人口推估報告書再指出，台灣總人口正式進入負成長，預估2025年六十五歲以上人口比重超過兩成，正式進入「超高齡社會」；2034年全台灣每兩人中即有一人超過五十歲。這對台灣來說眞是一記警鐘，因此推動地方創生計畫在此時變得更為重要了。

推動地方創生掌握三大概念

台灣地方創生政策要求根據地方特色發展地方經濟、創造就業機會，促使人口回流，達成「均衡台灣」目標。政策核心不脫「經濟」與「人」，我認為執行之前應先具有三大概念。

經濟面：找出新的產業動能

台灣擁有獨特的自然地景，加上數百年來不同族群與文化的耕耘，呈現出豐富的人文歷史，眞的是鄉鄉各有其特色。

地方創生要求根據地方特色開發屬於地方的產業，對偏鄉來說不是一件難事。然而人們的需求會隨著時代趨勢、資源條件改變，就像「旅行」這件事，過去多是走馬看花、到此一遊，但當代旅行重視「體驗」——去感受在地美好、去享受異文化衝擊、去一個能安頓身心靈的地方。因此地方創生所找尋的新的產業動能，必須要能承擔起「人們在這個地方，感動新的生活，有了新的需求，進行新的消費」，這樣才能爲地方增加新的財源，吸引人口移入。簡單說，地方創生的產業發展要放下過去「人潮即錢潮」的既定演算法，改用新的詮釋，新的視角，新的思維，找到新的機會。

環境面：必須維護環境生態

過去談提升地方動能、活絡地方經濟，通常會聯想到「進行大片土地開發、大塊商圈投資」，但是這些建設手段不是地方創生事業要的。要讓地方創生成爲大家追求的目標，一定要愛護自然生態、保護歷史文脈、維護環境平衡，也就是在經

地方創生一定要愛護自然生態，圖為採取生態農法的人工育秧苗圃。

我第一次下田，體驗一日農夫。

濟生產、理想生活的富足願景中，一定要顧及整體環境、創造美好氛圍。

人性面：營造安身立命條件

一般多認爲都會區機會多、工作多、賺得多，定居城市才有前途；反之偏鄉資源少、工作少、收入低、沒什麼發展性。地方創生復興地方產業、創造就業機會，正是要破除這樣的刻板印象。但是要吸引人口回流，讓人可以長居久住，一定要有便捷順暢的交通、完善的托育教育環境及足夠的醫療資源等支持系統。儘管現在有愈來愈多年輕人能夠體諒偏鄉硬體設施短期內無法與城市相提並論，仍願意返鄉支持地方發展，然而政府必須要有「搶人、留人」的企圖心，具體擘劃短中長期的住行學養施政藍圖，才能不負青年初心，吸引更多人回鄉或移入，把異鄉當成第二故鄉。

創生關注領域比社造文創更廣

地方創生以善用地方特色，引領地方經濟，連結人——不論是住民、移民或旅客，祭出各種策略措施，爲鄉鎮區翻開新頁。台灣自1990年代推動的「社區總體營造」及2010年的《文化創意產業發展法》正式立法，已爲地方創生奠定基礎，然地方創生涵蓋面比起社造、文創產業來得更廣，更重視重塑地方完整產業鏈。

社區營造　建構生命共同體

台灣自1994年開啟社造歷程，鼓勵居民了解社區、參與公共事務、凝聚社區共識，戮力建構社區生命共同體，多個地方也建立出鮮明的社區意象，如南投埔里桃米社區在九二一震災後的重建經驗，成爲台灣振興最佳楷模；台南市金華社區居民努力維護綠色環境，獲得國際宜居大獎肯定。

2002年起社造被整合提升爲國家發展重點計畫中的「新故鄉社區營造計畫」、2008年再以地方文化生活圈概念，規劃「磐石行動——新故鄉社區營造第二期計畫」。在多年社造基礎下，2014年起社造目標放在社會扶利營造，已有很多社區從社福醫療、社區治安等需求，建立在地互助系統，整合社區照顧服務。

文創產業　競爭力轉型力量

2002年文建會（現爲文化部）首度在國家發展計畫中提出「文化創意產業發展計畫」，期望結合台灣多元文化、科技與現代化管理模式讓產業升級，成爲台灣的品牌，振興台灣的經濟。

那時我正擔任立法委員，主導推動了《文化創意產業發展法》（下稱《文創法》）的立法，雖然2004年倡議之初，社會共識不強，推動立法的阻力不小，但就在我2007年進入台北市政府擔任文化局長及副市長後，致力打造松山文創園區、西門紅樓、剝皮寮、寶藏巖，以及啟動活化大稻埕老街區，因爲有了多個實際成功案例，《文創法》終於在2010年一月成功立法三讀，同年八月正式實施。

文創產業政策是台灣繼高科技產業之後，推動國家競爭力轉型的核心力量。十幾年來文創精神滲透各行各業，養成許多設計人才，帶動地方觀光產業升級，台北市也在2013年爭取到「2016世界設計之都」認證。

創生產業　具有「三個必須」

地方創生與社造、文創產業皆具接地氣及深挖「人文地產景」特色的精神，只是地方創生關注範圍及作法比社造、文創產業更跨領域，要處理的問題更聚焦。以重振鄉鎮區發展力而言，地方創生發展的產業一定要有「全產業概念」：必須跟地方產業連結、必須發揮在地文史農漁特色、必須提供足夠的自地自產自創自銷的工作機會。至少要做到這三個「必須」，才有機會留住在地居民、吸引外地人移入，緩和人口過分集中都市，達成均衡台灣目標。

提案執行　仍面臨三大難題

台灣能不能走上城鄉共好這條路？依我走訪大城小鎮的經驗，相信地方創生不僅是一條可行的路，更是必要的路。然而，要達成上述理想，目前仍面臨三大難題。

一、執行路徑不清晰　地方提案卡卡的

地方創生政策爲行政院核定的國家戰略計畫，可惜現階段由下而上的執行路徑不清，成果尚不如預期。

目前各地推展地方創生事業的投入者，以返鄉青年或外地移入地方的人爲主要，這些核心執行者或因想跟親人團聚、或因熱愛這片鄉土等不同原因投入，但共同點是，都在外經歷過創業、品牌設計、行銷等不同領域的磨鍊，帶著專業技能與產業視野，結合地方風土特色、與想讓地方改變的在地朋友一起努力創生，讓地方翻轉。

但地方多年的結構沉痾，要翻轉豈是容易？帶入的地方創生產業模式也才剛開始起步，成長過程中的種種挑戰，也無法保證獲利及壯大。要申請執照、要申請政府補助、要跟銀行貸款、要適應法規、要行銷品牌、要結合眾人之力推動創生……，大家殫精竭慮爲創生事業而努力，常常事倍功半，在在都是嚴苛的挑戰。

到底哪一種創生模式能成功？各個案例挑戰不同、條件不同，執行方式也不同，因爲時日尚短，眾人目前做起來仍都卡卡的，能參考的路徑也不多。

二、地方創生二・〇版　已有改進但仍待努力

國發會於2018年十二月提出「地方創生國家戰略計畫」，透過企業投資故鄉、科技導入、整合部會創生資源、社會參與創生及品牌建立等五大推動戰略，成立跨部會會報接受地方政府申請，經輔導審查通過後，再從各部會已有預算匡列支應，落實地方創生工作。2020年九月，國發會再度提出「加速推動地方創生計畫」，外界視爲「地方創生二・〇版」，然計畫內容已大不相同。

事實上，在第一版的地方創生推動後，民間本來滿懷期待，但過了不久，「期待」就變成「傷害」，大家紛紛將「地方創生」改稱爲「地方創傷」。原因在於國發會推動一・〇版時，計畫內容十分宏大，也滿懷理想。但並未編列「地方創生」任何預算，僅是將經濟部、農委會、文化部、勞動部、內政部⋯⋯，甚至是國家通訊傳播委員會各部會跟「地方創生」比較相關的既有計畫及預算「匡列」，組合成號稱有二十二・一四億元的地方創生計畫。

第一年實際執行後，馬上發現許多窒礙難行的痛處。因爲各部會既有的「城鄉之心工程計畫」（內政部）、「開發在地型產業園區計畫」（經濟部）、「農村再生實施計畫」（農委會）、「多元培力就業計畫」（勞動部）、「普及偏鄉寬頻接取基礎建設計畫」（通傳會）……，原本即有各自的政策對象以及補助條件，甚至規定地方創生事業要有相對應的自籌款，許多人費盡辛苦，努力寫計畫通過國發會審核後，還要再一次自行送各部會重跑一次補助申請程序，再次費盡辛苦通過後，卻發現自己要自籌高額的資金才能獲得政府的相對補助，本來就無資力才要申請補助的業者只好默默撤案，「地方創生」變「地方創傷」……。

經過這樣的「心痛」後，國發會也發現不對勁，每件事都是「沒錢沒人」的窘境，行政院並沒給足充分支援。於是改推出二・〇版，在前瞻預算中，特別編列了五年期共六十億的預算（2021年至2025年），讓經濟部、農委會、文化部、原民會、客委會……等十個部會總算得以專款推動地方創生業務，制定眞正符合地方需求的計畫及補助。

我必須提醒，前瞻計畫是特別預算，並非常態性的公務預算。在前瞻計畫結束後，「地方創生」的部會預算將何去何從？特別是台灣的勞保及健保財務都面臨破產危機，五年後我們還能保有地方創生的預算嗎？國發會身爲主政機關，至今也沒有專職單位編制及人力來「專心」從事地方創生的業務，加上內閣人事更迭迅速，沒有專責主政單位的編制，難保不會有「人亡政息」的危機。

三、地方專業人才不足　跨領域資源匱乏

地方創生政策的方向、發展、法制基礎雖然由中央制定，但是鄉鎮市區公所及全台各個縣市政府才是推動地方創生計畫形成的關鍵主體，不僅要與在地產學研究機構、社團共同主導發掘地方DNA，也要凝聚在地共識，訂定創生願景，更要協調彙整地方單位參與創生計畫的提案。

然而在「區公所」或鄉鎮市公所層級的地方政府，專業人才十分不足、跨領域專業資源不夠，人力也屈指可數，有時只能制式地做這做那，很難進一步開展突破

性的創生計畫。要知道政府的運行如同一台大機器，唯有中央與地方之間的互動連結順利，才能讓政策運行順暢、發揮功能。

另外最大問題在於偏鄉普遍缺乏專業人才，欠缺年輕人以及創生相關的專業人力，是各地創生的最大痛點，如何造就更多在地人才、或是培育既有人力的專業技能，增進跨領域的創生視野是刻不容緩的課題。

「解決問題組合拳」突破推動瓶頸

台灣1990年代平均經濟成長率為百分之六．七，2000年代平均為百分之四．二，最近幾年平均為百分之二．五，顯示成長動能不足。台灣若要再次得到發展，一定要把握地方創生機會，透過落實地方創生政策，復興鄉鎮區經濟，帶動人口成長，讓住民移民安居樂業，才能談未來的國力。

但地方創生涉及層面廣泛，包括產業、人口、生態、服務等等，在公部門事權不統一、民間有心推動卻卡關重重情形下，我認爲唯有透過「解決問題組合拳」，或可突破執行瓶頸。可從以下三方向著手：

深度導入藝術文化翻轉偏鄉

經由創生事業翻轉偏鄉的方式有很多種，但導入藝術文化設計力量最能確保地方獨特性、彰顯地方核心價值、建立地域品牌，也是最能被居民接受、最愛護生態環境，是最好的執行方法。

廣泛檢視相關法規且予鬆綁

政府暢談地方創生願景：「逐步促進島內移民及配合首都圈減壓，達成均衡台灣目標」，如果在盤點地方發展困境、傾聽民眾被法令卡住的心聲後，還不能因應檢視調適相關法令，無異緣木求魚。

例如針對農林山坡地土地使用限制，政府應協助地方調適劃設合理性，簡化相關程序；再如地方創生鼓勵開發具地方特色的輕旅行程，政府應檢視農業用地容許使用項目規定及相關觀光條例，是否眞正達到符合地方創生對於新創事業發展的需求。

開辦創生學院設資源統計站

政府跟民間對於如何落實地方創生事業，如何推動區域均衡發展有很多想法，可惜二者之間缺乏更多有效的連結。從公部門立場來說，部會文官很多專業人才，但基於本位主義或防弊而訂出的標案，往往導致執行力偏弱。以民間來說，台灣有很多藝文設計人才，只是政府不一定能在很短時間內找到一位既會做地方藝術節，又懂地方物產資源的策展人。

建議公部門先做兩件事。首先是開辦「創生學院」，積極主動提供有心參與創生計畫的民眾了解創生內涵，在彼此相互了解、共同學習下，公部門能更加瞭解地方需求，有心投入創生計畫的民眾也能有效提案。其次是設立「地方創生資源統計站」，讓公部門、民間、投資者了解各種地方創生計畫，利於媒合創生計畫的執行推動。

接下來，我將以新北市四個偏鄉爲例，分別從平溪、瑞芳、金山及萬里的地方特色及轉型需求，分析可以切入的「地方創生」路徑。

可以利用「解決問題組合拳」，突破推動地方創生執行瓶頸。

CHAPTER

2

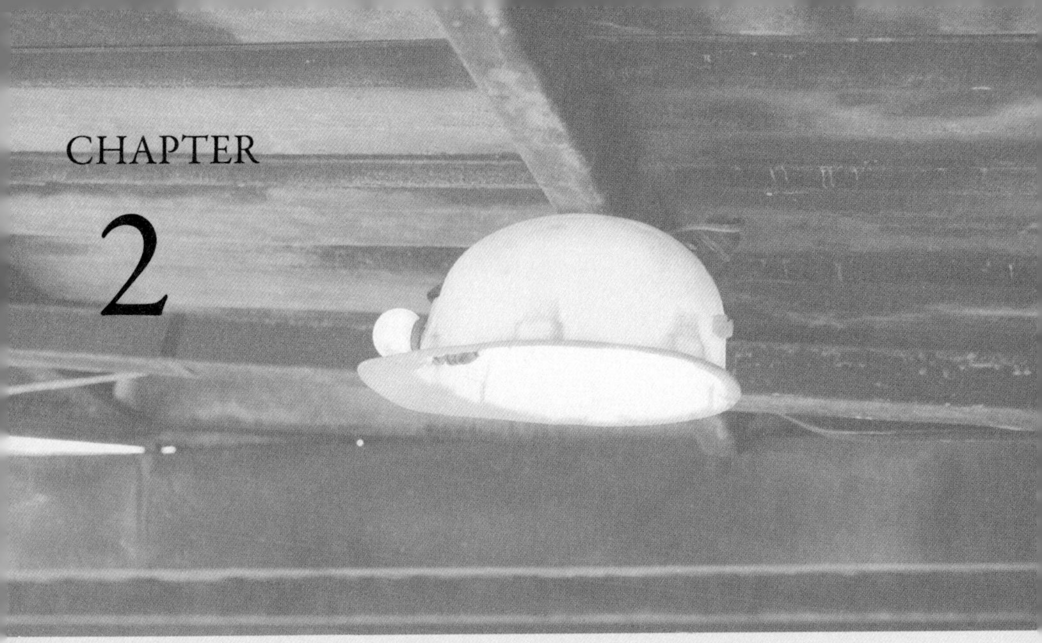

● 平溪新世代 重塑礦鄉文化路徑

平溪天燈每年吸引數百萬名觀光客造訪，光是2019年就達七百萬人次，理論上應有巨大的觀光財支撐且繁榮地方發展，然而平溪人口數不但逐年下降，平均年齡還是全台三六八個鄉鎮市區中數一數二的「老」。

平溪為什麼留不住人？為什麼不是人口遷入夯點？平溪在天燈之外，還有什麼創生產業？

掃描 QR Code
聆聽本章內容

平溪舊時是「淡蘭古道」重要驛站之一，擁有絕佳生態環境，斷層奇岩之外，還有瀑布山群，這些年更以甚具民俗色彩的文化活動「放天燈」聞名，每年吸引數百萬名國內外旅客到訪。然而當放天燈人潮散去，平溪整個區幾乎悄無人聲。

天燈冉冉生起　人口慢慢減少

根據內政部2018年三月統計，平溪人口四千七百一十二人，其中六十五歲以上老年人口占百分之二八・五七。沒想到才過兩年，平溪人口又少了二百多人，截至2020年九月人口數爲四千四百四十五人，其中老人家占三成。

如果說三成老人家到了晚上八點關燈睡覺，那麼中壯青年呢？有這麼多遊客來熱鬧、來消費的平溪，爲什麼入夜後罕見少年仔結伴歡聚、少聞孩童此起彼落的笑聲？

這兩年我多次走訪平溪，分析人口減少原因，或與放天燈有關。天燈帶來的觀光利益確實照顧了許多家戶生計，但過於單一化的放天燈旅遊，明顯不足以支撐地方全產業鏈，另外僵化的土地建築相關法規，也促使不少青壯族群離鄉另謀出路。

2020年受新冠疫情影響，平溪觀光客一度掉到只有平常遊客量的八分之一，這個現象提醒我們，天燈是平溪很重要的觀光資源，但平溪不能只有天燈。若疫情再起，平溪受得起二次衝擊嗎？

其實平溪不只有天燈。

平溪擁有豐富的煤礦資源，曾是北部重要煤鄉。在礦業開採極盛時期，除了在地農民轉職投入高報酬礦業，也吸引不少外地人來此從事挖礦工作，人口一度多達數萬人。直到1980年代台灣發生數起大規模礦災、1990年代經濟政策改變，禁挖煤礦，與其有關的維生業態隨之瓦解，導致人口嚴重流失。

三十年來老礦工已逐漸凋零，過往的黑金歲月已成追憶，幸好這幾年有平溪子弟努力彰顯平溪除了天燈以外的其他美好，與重要的歷史記憶。

平溪瑞芳礦區　蘊藏父子深情

「新平溪煤礦博物園區」位於十分寮，礦區原本屬於台陽礦業所有，1985年售予龔詠滄先生經營。全盛時期這裡有礦工六百人，每月生產近萬噸煤礦，然自政府加入世界貿易組織（WTO）後，開採成本無法與進口煤礦競爭，只好於1997年停止採礦，至今坑內尚有超過八百萬噸優質燃煤儲量，是台灣罕見能源礦場。

礦區停採後，龔詠滄著手整理礦業相關文物史料，並自2002年起將坑外礦區轉型爲煤礦博物館，目前園區由第二代龔俊逸先生接手運營。他本來定居加拿大，十幾年前參與經營，後來乾脆結束國外事業返台定居，全心打造園區爲一個可以認識煤礦產業文化的優質場域。

新平溪煤礦博物園區擁有一片大自然美景，夏天入夜後螢火蟲飛舞，冬天紅綠相間的楓葉美的令人屏息，很適合親子踏親，戶外教學。園區內處處可見煤礦遺跡，如八十年前從日本進口的台灣第一部電氣化運煤火車「獨眼小僧」、長達一・

龔俊逸結束加拿大事業返台定居，全心打造新平溪煤礦博物園區。

新平溪煤礦博物園區擁有一片自然美景。

礦工帽色各有意義，白色是主管戴的，藍色代表電機工，黃色代表一般工人。

新平溪煤礦博物園區有台灣第一部電氣化運煤火車「獨眼小僧」。（新平溪煤礦博物園區提供）

二八三公里的採煤水平坑道，坑內完整保留了五十年前的支撐圓拱，還有灰撲撲水泥牆與水泥地板的礦工浴室。因環境保存一如當年，已獲文化部評定為地方文化館。

龔俊逸傾其所有圓滿父親心願

為讓觀光客體驗礦工日常，龔俊逸把運煤車改裝成觀光列車，「框啷框啷」走過七百多公尺長的軌道後，再進入依照實際比例建造的模擬坑道，讓遊客可以實際體驗當年礦工長期在惡劣環境下工作之苦。為感謝老礦工的奉獻，園區每年十月舉辦「礦工回娘家」活動，至今已辦了十幾年。

新平溪煤礦博物園區為台灣少數私人經營的大型工業遺址博物館園區，龔俊逸傾其所有，只為成就父親心願。所幸近期通過地方創生案申請，開始導入政府及其他民間資源。

胡兩泉打造猴硐坑礦業休閒園區

平溪里長、聯誼會會長胡兩泉先生是礦工之子，爲了完成已逝父親推廣礦業歷史的心願，買下父親曾工作過的位於瑞芳區的「猴硐坑」及周邊土地，將之打造成「猴硐坑礦業休閒園區」。

園區內除了保留完整的坑口、坑道，還有百年歷史「柴油礦車頭」修復而成的「煤礦體驗小火車」，遊客可以乘坐進入猴硐坑內，體驗當時礦工工作環境，例如用於工程檢查維修的「手搖車」、負責在斜坑內拖拉礦車的「捲揚機」，以

胡兩泉打造「猴硐坑礦業休閒園區」，完成父親推廣礦史心願。

及運作時絕對不能插電的「氣動鎬煤機」。因礦坑內充滿危險性極高的沼氣，只要有一點點火星就會引發爆炸，雖然這是一個單純靠拉風力管氣動的手持採煤工具，但使用起來會發出「咚！咚！咚！」巨大聲響與震動感。園區內的礦業文物館也展示許多與猴硐坑煤礦有關的老照片與器物，是知性之旅的好所在。

周朝南及夥伴捐老人年金設文史館

此外當礦工超過一甲子的周朝南先生，爲了讓孫輩們記得老一輩付出全部青春的「黑金歲月」，與幾名退休老礦工捐出老人年金，租下荒廢的本坑充電室，並聯手整修老屋，於2018年成立「猴硐礦工文史館」。

這幾位退休老礦工平均年齡超過七十歲，原本生活就不富裕，爲省去雇工費用，不但自行擦油漆、撿舊木板釘展示架，還爬上屋頂補漏，文史館開幕後也主動排班，擔任導覽志工。

文史館展示了採礦工具、儀器、文件，還有礦工齊聚坑口等待入坑、乘坐台車入坑、實際採礦、出坑洗澡等照片。這些彌足珍貴的歷史記憶是周朝南青壯時期用一台簡單相機隨手拍下的，而今已成絕響。

周朝南說自己初中還沒畢業，就牽著三歲弟弟的手，跟隨媽媽入坑工作，向媽媽學習採礦技術。他從採煤工做到工頭、從人工採煤做到半機械化採煤、從有煤礦採到沒煤礦、從十四歲做到七十幾歲退休。

周朝南與退休老礦工捐出老人年金，租下本坑充電室，成立「猴硐礦工文史館」。

五十幾年的採礦生涯，周朝南有好幾次從死裡逃生。因台灣多斷層，及煤礦地質構造特性使得採煤面很薄，坑內常有落石掉下、礦車脫軌，但坑道高度僅約四十五公分高，礦工趴身鑽進坑道後，只能側身鏟煤，意外發生時很難逃躲。周朝南曾在坑道內因突如其來的意外斷過兩次腿，肚皮被橫切過一次。

周朝南與礦工夥伴出錢出力重設猴硐礦業歷史現場，希望大家不要忘記了煤礦產業是台灣戰後蕭條年代最重要的能源供給，養活了數十萬個家庭，對早期經濟影響非常大。至今為止文史館已策辦老礦工生活記憶漫遊、礦車軌道探尋體驗等活動。

吳明賢揪團搭採礦列車賞螢火蟲

有別於父執輩保留再發揚礦業文化的做法，新世代返鄉青年吳明賢連結志同道合的青年朋友，於2019年在臉書新開「嘻哈平溪」粉專，運用「不屑更新，只有最新」的年輕語彙、創意思維行銷平溪在地特色，自製「每個月不同的平溪旅行方式」影片加強宣傳力道，已累積逾五千名粉絲，是東北角知名的在地資訊平台。

「嘻哈平溪」推出的影音作品，用不同角度讓人看見平溪的自然氣候、人文之美，以及社區公托中心阿嬤玩疊杯遊戲等等，還推出季節限定的「搭採礦列車賞螢火蟲」、「尋找魔神仔」。

「搭採礦列車賞螢火蟲」是一項極具創意的生態導覽活動。吳明賢策劃靈感來自父親。因父親在新平溪礦區當礦工，他常想：「爸

吳明賢喊話平溪人，先回來再說吧！

爸每天從暗黑坑道出來，走在回家的路上，心裡都在想些什麼？」於是他在新平溪煤礦博物園區重現父親回家的路，又致力螢火蟲復育，打造園區入夜後的螢光祕境。當遊客進入園區，置身在城市生活中無法想像的大片螢光閃爍中，認識平溪過去的礦業盛況，奇特感受令人難忘。

「尋找魔神仔」更是平溪獨家且十分有趣的傳說導覽活動。吳明賢策劃靈感來自於許多民俗學家認爲平溪跟汐止是魔神仔發源地，以菁桐古道的「魔神仔洞」最有名，相傳只要路過，便叫人背脊發涼。因爲尋找魔神仔太刺激了，活動一推出即獲熱烈迴響，順勢讓更多人認識平溪在地特色。

吳明賢認爲，長期以來外地人想到平溪就聯想到天燈，但是平溪不只有天燈，還有很多美麗所在需要被看見。他強調，「愛鄉，無關富貴，還鄉，不必衣錦」，平溪人，先回來再說吧！

創生平溪　讓傳統礦脈變人文礦

龔俊逸、胡兩泉、周朝南、吳明賢等人努力讓各界了解平溪礦業文史的用心令人欽佩，但是大家更想知道，平溪有多樣豐富的生態風景、傲人的礦業文化遺跡，這些資源該如何與創生事業結合並且帶動全面性的地方再生？

我認爲平溪應該把過去賴以爲生的煤礦產業以礦鄉文化路徑方式重現，讓傳統礦脈變成人文礦，把煤礦遺跡變成文化財，以此創造就業機會、吸引年輕人回來，年輕人回來有工作可以做，有事業可以發展，才有利於解決人口結構失衡問題。

王新衡主張　以礦業記憶深化礦鄉文旅

國立雲林科技大學文化資產維護系所助理教授王新衡長年關心研究台灣礦業文化遺產，他認爲平溪在後礦業時期面臨高齡少子化、觀光集中化，及空屋與廢校、環境保育、產業衰退等幾個發展課題，若能以礦業記憶深化礦鄉文化觀光，透過系統性、多元性、國際性三面向，建構平溪爲宜居宜遊的煤礦文化生態環境，將可藉此達成在地共識、高齡就業、避免觀光客過度集中於車站周邊並改善觀光活動品質，實現地方創生願景。

以系統性而言，首先以平溪煤礦與金瓜石九份金銅礦爲核心，有系統的串聯整合已有的煤礦園區，如新平溪煤礦博物園區、瑞三煤礦、瑞三礦業整煤廠、猴硐坑礦業休閒園區、猴硐礦

王新衡長年關心研究台灣礦業文化遺產。

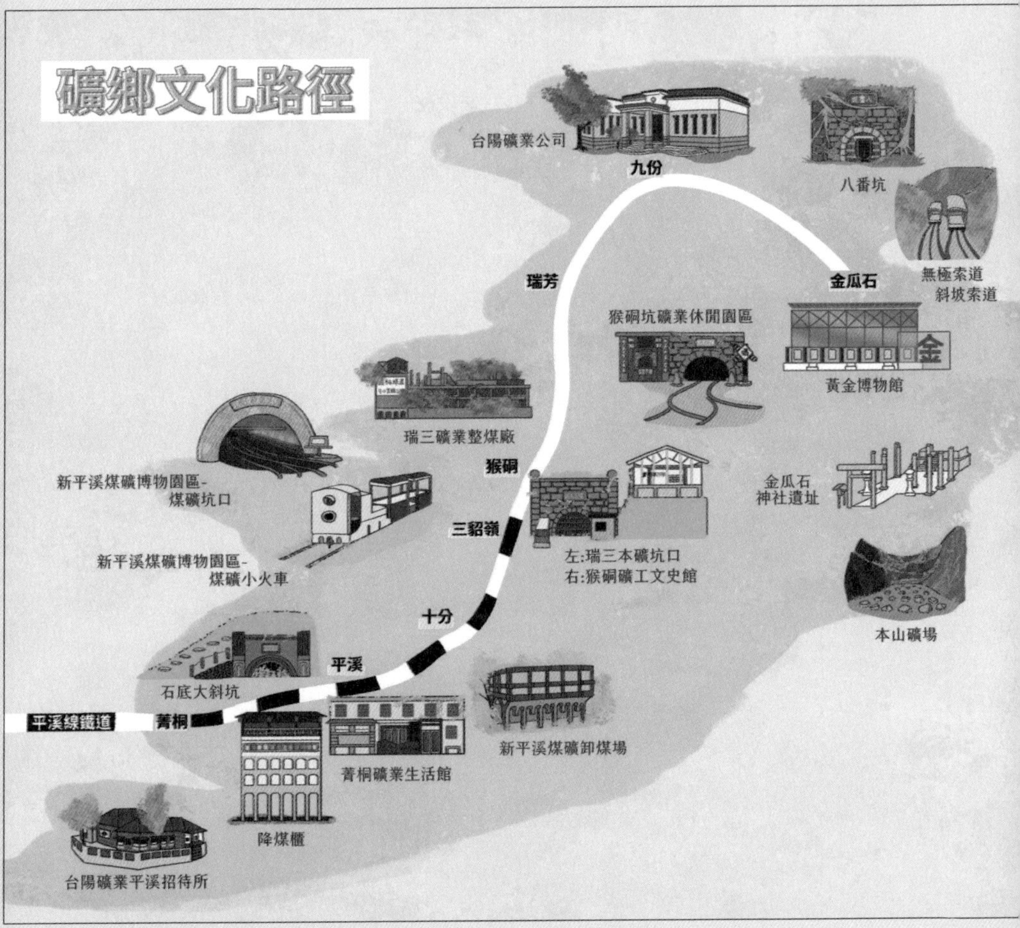

礦鄉文化路徑及鐵道深度遊可實現創生願景。

工文史館等等，把這些礦史遺跡做爲礦鄉創生據點。其次擴展瑞芳、菁桐、猴硐、十分、平溪等鐵道的深度文化觀光，尤其平溪線更是具有百年歷史的鐵道文化資產，沿線有老街聚落可以逛，有天燈可以放，加上煤礦文化遺跡，搭乘起來十分有趣。

訂礦工節　紀念礦工對台灣經濟貢獻

再說多元性，可挖掘平溪更多的文化民俗特色，如吳明賢策劃推出的「尋找魔神仔」，既探訪傳說中的魔神仔洞，也讓更多人認識平溪的生態、文化、歷史。還有從煤礦遺產發現地方ＤＮＡ，如探討與煤礦有關的地名、建築與機具設備、圖書文獻影像、礦工耆老等等，這些都是學習礦業遺產的方式。

關於此點，周朝南先生有兩個寶貴想法值得重視：

我們應訂定礦工節紀念礦工對台灣經濟的貢獻。

一、訂定「礦工節」紀念日：礦業對一般人來說可能比較陌生，但是對瑞芳、猴硐、九份、金瓜石、平溪人來說，煤礦不但是父祖輩一代的生活記憶，更是用礦工生命和鮮血換來的。如果我們有軍人節、護士節、婦女節這些特定節日表彰軍人、護士、婦女對社會的貢獻，為什麼沒有礦工節感謝礦工先人對台灣戰後能源及經濟發展的貢獻？

二、完整記錄礦工口述歷史：礦業在1960年代前供應台灣能源所需，帶動經濟、國防、交通、民生發展，其中女礦工更是撐起台灣經濟一片天的女力。三十幾年前台灣礦業有兩成是女性，如周朝南母親十九歲生下周朝南，二十歲入坑工作，白天入坑，晚上回到家還要做家務、顧小孩，辛勞是男礦工的兩倍，目前相關單位的口述歷史計畫應特別關注女礦工的故事。

台灣煤礦史　值得登上國際舞台

台灣煤礦是世界煤礦史中的重要拼圖，除了在地深化礦鄉文化記憶及記錄外，國際性推廣也非常重要。如龔俊逸多次到日本進行礦業文化交流，參加日本「全國炭礦關聯產業研修會」，與日方分享礦區二次利用、後續發展及地方創生經驗；還向田川市煤炭歷史博物館借來礦工畫家「山本作兵衛」作品在園區展出，山本作兵衛是一位有五十年採礦經驗的礦工，他從礦工角度寫實畫出採礦過程及心情，因十分難得，畫作獲登錄爲聯合國教科文組織世界記憶遺產。瑞芳猴硐礦工文史館不只吸引觀光

「發掘地方文化新礦脈」論壇點燃平溪創生動能。

客，更已成爲礦業文化交流中心，除了台灣學生，大陸、日本、馬來西亞的研究生及高中生均曾來此收集學術材料。

加值平溪農業　開發礦工飲食文化

王新衡教授強調，地方創生不是只講如何賺錢，如何吸引觀光客，地方創生要談的是「在此地生活的人如何更開心的活著」。因此建構礦鄉文化路徑的同時，也應復振平溪農業。關於這一點，大家都知道平溪有珍貴的原生花卉物種「豔紅鹿子百合」，是台灣的四個原生種百合花之一；平溪有珠蔥、綠竹筍、山藥「農產三寶」，每年

希望平溪順利打造礦鄉文化路徑，創生地方發展榮景。

區農會皆會舉辦珠蔥節、綠竹筍評鑑、山藥節，每個節都令人期待。平溪農會產銷班也透過包裝設計與建立品牌化提高經濟效益，讓平溪的原生花卉、農產成爲年輕人願意回來定居的誘因之一。

平溪若能順利打造礦鄉文化路徑並培訓礦業知識人才，提升在地文化觀光品質，可以發展的產業觀光業態除了讓觀光客認識煤礦歷史與相關遺跡現狀、體驗操作採礦技術，也可設計礦業遊戲課程，及利用在地珠蔥、綠竹筍、山藥、野薑花、香菇等食材製作礦工便當，供旅客品嘗體驗礦工飲食日常。

地方渴望創生　帶給山城幸福感

在我所舉辦的「發掘地方文化新礦脈」論壇中，平溪區長、主祕以及負責地方創生全台最高主管機關國發會、文化部、文資局、新北市文化局、經發局等，皆派員論述想法及因應之道，說明政府與民間協力，地方與中央合作，共建平台基本上是可行的。民間有著做地方創生的渴望，這也是偏鄉翻轉的希望。

當然地方創生的推動任重道遠，並非一蹴可及，需要政府與民間，產、官、學界長期合作共同執行，點燃創新成長動能，才能促進人口及資金回流。

像煤礦博物園區這種大型產業，如果沒有政府的積極推動與參

「發掘地方文化新礦脈」論壇感受到民間企圖投入地方創生的渴望。

與，以私人的財力或資源，想要永續保存或推廣，是不切實際的。政府要提出有效的政策推動、法規鬆綁以及資源挹注，才能完成文化資產保存及地方轉型創生的艱巨任務。

當世界各地的人遠道而來平溪祈福，祈禱身體安康、事事順心同時，希望平溪當地人不要再爲求生計出走他鄉了，留在故鄉的老人面對的不再是寂寞的日常了。希望經由打造礦鄉文化路徑帶動觀光、滾動地方經濟，讓青年返鄉，在地就業，打破偏鄉的弱勢困境，有了青年人才的活水，刺激正向的發展循環，讓平溪成爲安居樂業的好所在。

box

讓平溪國土適地適用

平溪區早年興建的房屋多為茅草屋或土角厝，屋頂遇雨容易損壞。住戶見漏水了，只好自行搭建鐵皮屋防漏；見磚牆要倒了，趕快再砌面牆擋著。幾十年下來，鐵皮或生鏽或毀損，居民有心修繕，卻因當年不懂申請合法建照、取得房子產權等等建物相關法規，導致現在陷入居住環境不佳困境。如東勢里里長李明宏所說，設籍當地里民四百六十五人，實際居住九十九人，除了是因為沒有什麼工作機會外，老舊房屋難以居住也是原因之一。

雖然里民曾訴求新北市政府希望解決部分房屋合法化問題，也得到回應，如「舊建物座落土地在實施建管前，已有合法房屋存在事實者，可申請『更正編定』，將座落用地變更為建地」、「增加工研院典藏1847至1970年航照圖佐證」等等回覆。

然而「更正編定」須檢具公告編定前，或公告編定期間水電、稅捐、設籍或房屋謄本、建築執照或建物登記、未實施建築管理地區建物完工證明書等等資料文件，才能向地政局申請更正編定為建築用地。只是早年居民忙著餬口度日，怎麼懂得保留這些文件證明建築物合法性？更何況現在平溪人口老化嚴重，申請手續繁複，偏鄉老人又怎麼懂得去申請更正？

為解決偏鄉建物難題，建議公部門先盤點平溪現有房屋與土地使用狀況，才知有多少人陷入居住環境不佳困境。其次請市府團隊在平溪區設置單一窗口，方便年輕人諮詢有關申請房屋修繕手續等專業問題。

目前政府正推行《國土計畫法》，將國土以「國土保育地區」、「海洋資源地區」、「農業發展地區」及「城鄉發展地區」四大功能分區。

國土計畫的主要精神是依照土地性質，讓國土「適地適用」，所謂適地適用包括使用目的、使用行為，以及對未來生活發展的想像等等。

四十年前的平溪以農耕為主，四十年後的平溪已是國際知名旅遊景點，如何落實《國土計畫法》讓平溪土地發揮最大效益，最後的決定權還是在於人。希望平溪國土空間願景規劃能考量落實平溪的發展現況與未來需求，才符合《國土計畫法》讓國土適地適用的精神。

CHAPTER

3

● 瑞芳老街瓶安燈 點亮文化生命力

瑞芳曾在交通部舉辦的網路票選台灣三十個經典小鎮活動中勇奪全台第二名，每年有數百萬名遊客從瑞芳火車站前站出站後，轉乘各式運輸交通工具至九份金瓜石等景點，然而位在瑞芳車站後站方向的老街，寧靜得像是被歲月遺忘。

日本推動地方創生計畫時曾提出一論述：「創生成敗關鍵在設計」，導入藝術設計力量改造老街，將可讓曾經「一日四市」的老街區再生。

掃描 QR Code
聆聽本章內容

提起瑞芳，多數人想到的是到達瑞芳火車站後，從前站出站轉車至九份或金瓜石，較少關注位於後站出口的「老街」。對比前站的熱鬧繁華，老街向來給人悠閒卻也冷清的感覺。實則現在老街氛圍不再如過往寂靜，一些由玻璃瓶罐改造成的藝術瓶燈，掛置在街頭巷尾，許多來老街的朋友一踏上街區立刻眼睛一亮，直覺老街變得不一樣了。

瑞芳老街範圍概指逢甲路、瑞芳街這一帶。早年這裡是火車站唯一出口，每天經此出入往返宜蘭或者進出九份採礦的工人很多，當時商號林立、「一日四市」，是全瑞芳乃至東北角最繁華的地區。

然而隨著礦業風光不再、瑞芳站擴建前站出口，成為新的市中心後，來老街的旅人愈來愈少，偶有尋幽者大約逗留幾十分鐘便往前站去了，使得老街上的店家慢慢消失、轉業或遷出，商圈蕭條迫使許多年輕人到外地打拼，如此循環下終致老街景況停滯難前。

瑞芳老街向來給人悠閒卻也冷清的感覺。

瑞芳老街積極發展創意瓶燈。

玻璃瓶罐被改造成藝術瓶燈。

老街住民　努力說在地故事

雖然老街不如往日熱鬧，卻是一條非常有歷史情感的老街，廖氏古厝、瑞芳旅社、義方商行等皆蘊藏這片土地深厚的記憶。2011年成立的「瑞芳老街文化觀光推展協會」便策辦與地方文史有關的活動吸引觀光客，希望藉由深度旅遊，讓大家更了解老街在地文史。

老街協會　策辦火把節電影節

例如於2015年舉辦第一屆「火把節」，靈感源於日據時期「瑞芳事件」。據耆老口述，當年瑞芳礦業鉅子李建興及其家族、朋友、員工數百人，因遭誣陷被日軍追捕，李建興後來躲到秀崎山，躲藏期間以火把暗示藏身所在，以便親友夜間接應。

第一屆火把節吸引五百名民眾參與，每一個人拿著一個火把夜遊秀崎山，長長的「火龍」隊伍喚起中老年人兒時回憶，也讓年輕世代了解瑞芳在地文化。

2017年創辦「露天電影節」，原來老街協會訪談耆老過程中，發現老人家童年時光、愛情故事皆與市區的瑞龍戲院、老街上的樂民戲院有關。雖然這些戲院早已改建大樓，但談起往事仍津津有味。露天電影節讓小孩子體驗阿公阿嬤兒時露天看電影的歡樂，居民重溫舊時代的美好，彼此在閒話笑語中傳承了老街的歲月記憶。

「火把節」一度是老街著名的品牌節慶活動，但由於明火畢竟有公共安全風險，無法得到政府長期的背書與支持，2020年起老街協會積極發展「創意瓶燈」，鼓勵大家把不用的玻璃瓶罐改造成藝術瓶燈，掛置在街頭巷尾，同時定期舉辦「手作瓶燈創意市集」，短期目標帶動後站觀光，長期目標希望能成爲世界級年度盛事。

老街住民手作創意瓶燈。

創意瓶燈掛置街頭巷尾，改變老街市容。

老街住民也盡一己之力活化老空間，如龍安里長柯瑞和於2019年與家人出資買下瑞芳後站小巷裡的老屋，以父親之名成立「旭初圖書室」，提供里民交流、學生閱讀、開設瓶燈藝術手作坊課程等等。

瑞芳高工　參與創生不落人後

瑞芳歷史悠久，聲譽卓著的瑞芳高工，每天有近千名學生進出瑞芳站，校長顏龍源帶著師生，積極參與老街改造、地方創生的工作。於瑞工「再造重現瑞芳街區：科技紮根、研創成眞」計畫中與地方居民合作，以「前後站立體文史彩繪」、「地下道瑞芳藝文美展」、「好漢坡之時間廊彩繪」、「瑞工橋涵洞整平美化」、「礦工意象圖製作展出」、「安全通學廊道之設置」及「平交道安全宣導製作」等七大面向，展現老街新風貌。

龍安里長柯瑞和活化老房子，成立旭初圖書室。

瑞芳高工校長顏龍源帶著師生參與老街創生工作。

老街住民做了那麼多努力，共同目標是找回老街榮耀，但究竟要怎麼做才能讓老街改頭換面、回復往日榮景？如何才能留住去九份去平溪去基隆的人潮？同時把去九份去平溪去基隆的觀光客導回老街？依我過去再造西門紅樓、寶藏巖、大稻埕老街區等經驗，一定要先盤點老街DNA，知道老街原來是什麼、現在有什麼，再來思考怎麼做創生。

推動創生　先盤點老街DNA

根據史料，瑞芳開發應是在乾隆年間以後的事，可見得瑞芳跟台北市一樣都是百年老城，老街氛圍跟西區尤爲接近，留有許多充滿魅力

瑞芳跟台北市一樣都是百年老城。

的古老元素。

例如瑞芳地名由來就很有趣。據說瑞芳早年水運接駁渡口附近有一間雜貨店，因爲開於柑仔瀨，所以人稱「柑仔店」，店名「瑞芳」，是採金、旅運、購買南北雜貨者必經之處，往來者常說「來去瑞芳」，或說「從瑞芳回來」，久而久之大家就稱呼這裡「瑞芳」。

老街上有許多知名古厝，如逢甲路上的「義方商行」是瑞三礦業企業總部，當年李建興在猴硐創辦瑞三礦業，卻把企業總部設在老街，可見老街地理位置優越、人才聚集，商務氛圍濃厚。只是隨著礦脈枯竭，瑞三礦業榮景不在，

義方商行是瑞芳老街著名歷史建築。

瑞芳車站後站出口即見日據時代舊神社遺物。

保雲芋圓營業一甲子，是老街人氣冰店。

保雲芋圓負責人蔡政建也是瑞芳老街文化觀光推展協會前理事長，感慨老街停滯難前。

巷弄內的輕便車軌道，當年用來運輸煤礦。

瑞芳亦隨之變得沒落。雖然人事已非，但「義方商行」已成了老街地標。

老街的舊時文物還包括後站出口台階旁的石燈籠，是舊時神社遺物，以及輕便車軌道，是當時用來運輸煤礦或甘蔗，後來也用來載客。現在散步老街，除了人氣冰店保雲芋圓、石讓食堂，還有一間追蹤打卡熱點新村芳書院。

老店改造　不要陷入預算迷思

當我們了解老街老靈魂後，可導入藝術文化設計力爲地方加值，從一家老店改造起，擴大到

楊佳璋在論壇中強調「改造不是改裝潢」，不要陷入預算迷思。

老濟安門市內的矮吧檯既是分享青草知識的講台，也是表演時尚茶飲的舞台。（樺致形象設計提供）

一條街一個區，當老街變得煥然一新，導入的「創意」必可創造出「產值」，絕對可吸引青年留鄉返鄉。

近年來台北市西區老店品牌再生的成功案例，適合成爲瑞芳老街復興的示範。負責爲國發會執行「地方創生～東港示範案」創意總監楊佳璋在台灣藝術創生文化基金會主辦的「點亮老街文化生命力」論壇中現身說法。

楊佳璋近年與甦活創意管理顧問公司總經理張庭庭共同爲台北市西區執行老店改造工作，「老濟安」、「澎玉191」（原成達行）、「福大同茶莊」都是改造成功的經典案例。

楊佳璋表示，改造計畫由品牌策略顧問團主導，推動過程會先安排老店經營者學習品牌概念、電子商務等要領新知，刺激運營競爭思維。再啟動輔導機制，包括訪視店家看老闆與客人互動情形、分析財報進行經營診斷，以及協助老店找出與同業之間的差異性、分析適合的商模供選擇，同時替老店媒合屬性相近設計團隊，再運用顧問團梳理出來的老店特色、定位，重新設計改造老店品牌與店裝。

一、老濟安　青草茶吹感性風

以「老濟安」爲例。2017年第二代店主王榮貴與第三代王柏諺透過改造計畫，讓充滿古早味的青草店吹起一股感性療癒風，尤其門市內有別於西式高吧檯的「矮吧檯」，吸引消費者坐下來，店家可以一邊煮青草茶，一邊跟客人互動。這個設計正是改造團隊挖掘老店文史故事後，替店家找到的差異性設計之一。如張庭庭所言，「矮吧檯是爸爸說青草知識的講台，又是兒子做時尚飲品的舞台。」

楊佳璋曾至老濟安蹲點，親眼見證王老闆真是不吝與人分享青草知識，「王老闆擁有滿腹的青草養生知識，會視顧客身心狀態需求，調配專屬茶飲，如三個人都說肚子痛，他會一一細問每個人原因、痛感，再調配方，三個人拿到的茶飲成份可能都不一樣。」

楊佳璋更感動王老闆與顧客互動充滿人情味。他記得有一天只有一名顧客上門消費，跟王老闆聊了半小時以後，總共買了二百元青草離去。楊佳璋在客人走後稱讚老闆：「很有耐心，聽她說這麼多。」老闆回：「你不讓她說，她的心情沒出口啊！」

二、澎玉191　船承澎湖海味

澎玉191原名「成達行」，創辦人來自澎湖小漁村，三十年前移居台北大稻埕，賣山海產雜貨謀生，後來在迪化街置產開店，口碑銷路都不錯。然而隨著時光過去，老一輩批發商及老客戶漸次退休凋零，爲增加零售商機，加入改造計畫，期望吸引年輕族群及觀光客。

在改造團隊抽絲剝繭下，巧妙地以創辦人家中第一艘漁船名「澎玉156」結合迪化街店址門牌號碼191號，重新命名爲「澎玉

澎玉 191 賣場放船頭，創造視覺焦點。（樺致形象設計提供）

191」；爲強調澎玉海味是澎湖產地新鮮直送，將品牌定位爲「船承自澎湖灣的山海味」；在賣場放一座船頭，創造視覺焦點，象徵滿載豐盛貨物，永續行駛澎湖與大稻程之間。

三、福大同　同享喝茶福份

福大同茶莊創始於清朝道光年間，是台北市第一街貴陽街上的第一家茶行。

福大同店名很有故事性，「福」字是祖輩認爲能喝上一杯好茶是種福

福大同茶煙設計蘊含大同與太極，寓意圓滿雙全。（樺致形象設計提供）

氣；「大同」兩字取自《禮運大同篇》，意喻喝茶的幸福不分達官顯貴或販夫走卒，大家同享這份福氣，二者結合取名「福大同」。

綜合以上特點，改造團隊以「老艋舺的第一縷茶煙」點出福大同為艋舺第一家茶行歷史地位；新品牌識別意象，把「茶煙」設計成蘊含「大同」與「太極」的圓，寓意圓滿雙全，並以沉穩帶有古意的橄欖綠，呈現茶湯的層次與風韻。

楊佳璋強調　改造不是改裝潢

楊佳璋強調老店改造設計要具備兩大正確觀念：

一、不要陷入高額改造經費的迷思。有錢有有錢的作法、沒錢有沒錢的作法，像老濟安受限預算，把主力放在前場矮吧檯施作上，後場的微型青草博物館採取「裝飾取代裝潢」概念，呈現工業風，適當使用藝術表現手法，比傳統室內設計

老濟安微型青草博物館「用裝飾取代裝潢」，呈現工業風，別有一番藝術感。

裝修經費節省很多。

二、改造不是「改裝潢」，而是找出老店靈魂，讓新舊世代共營新商模，如以前老店用「理性」賣產品，改造後轉換成用「感性」賣生活提案、賣體驗。

楊佳璋表示，老店改造眞的達到讓下一代返家目標，這是他執行老店改造設計最有成就感的事，也是地方創生最想達成的目標——讓青年返鄉。

藝術擾動　老街展現新美學

成功的老店改造可以吸引更多消費者走入老店，大幅增加老店業績，必然也會啟發在地居民對街區再展風華的想像。此時再以藝術介入鄰里巷弄空間，落實「創意生活化」，相信能在有意無意之間讓人重新感知所處環境並重塑生活型態、整體重振老街區經濟活力。

林羽婕以藝術擾動老街區，帶來意想不到的成果。

位於台北市西區的「台北當代藝術館」是一個以藝術擾動老街區、展現老街區活力的模範。

台北當代藝術館建於1921年，1996年被指定爲市定古蹟並基於古蹟再利用政策，修復整建爲台北當代藝術館專用。2001年以公辦民營方式委外經營，是一個辦專業展覽的藝術殿堂，2008年由台北市文化局接辦管理。

爲擴大參與人數及客層，文化局接辦後的當代館館長石瑞仁及副館長林羽婕以「讓藝術成爲生活經常，日常，常常」、「人人都是藝術家」的概念，進行一連串以藝術帶動老舊街區的翻轉計畫，第一個擾動地區是當代館周邊主要生活圈赤峰街。

赤峰街有很多「黑手」行業，俗稱「打鐵街」。台北當代館在此策劃「街大歡囍」社區藝術節，作法包括館方取得居民同意後，請插畫家在防火巷壁面彩繪打鐵樣貌、掛上鐵製機器魚，象徵赤峰街特有的汽機車零件產業特色。沒想到藝術融入防火巷，展現出獨特巷弄美學，竟然讓赤峰街成爲新興景點，住戶看藝術家作畫看出興趣來，後來還主動請藝術家喝汽水。

爲一窺赤峰街居民生活，台北當代館請獨立製片導演張博洋先生以一個外來者視角，拍攝他所看到的赤峰街《我在妳的手心上擱淺》，該部電影的男女主角是住在赤峰街上的阿公阿嬤，其他角色也是由社區住戶扮演，眞實記錄居民與赤峰街的情感連結。

館方還找來大學舞蹈社同學教當地婆婆媽媽、阿伯大叔跳現代舞，結業公演時規定表演者從家裡跳到公園。當阿公阿嬤害羞從家裡跳著現代舞出門，兒孫滿面笑容跟在後面，鄰居見狀也是笑咪咪自動加入行列。

台北當代館實作經驗告訴我們，將藝術導入街區，絕對不是強行將藝術「介入」

民眾生活，而是經由藝術的浸潤與參與，讓樸質老街區自發展現美學可能性，還因爲刺激民眾多重跨界體驗，讓大家變得更有自信，就像赤峰街區阿嬤說的，「如果連現代舞都可以跳，還有什麼做不到？」

創生成敗　關鍵在改造思維

偏鄉老街創生忌諱採大拆大建的開發手段，一定要盡力維持老城樣貌才符合當代城市發展觀，一般來說要克服的問題比新興城市設計全新案子來得困難。所幸只要善用品牌輔導改造及設計力量，讓「生活中有藝術、藝術中有生活」，慢慢做，漣漪效應就會出來。

品牌經營 包含商文藝E四領域

張庭庭表示，品牌經營要成功須具備「商、文、藝、E」四大領域。「商」指的是策略定位、獲利模式等等；「文」指的是人文素養、故事文字；「藝」是包裝、陳列等商業美學設計；「E」是應用新興科技媒體與工具。四大元素要融爲一體，改造時要讓品牌DNA在每個環節呈現，包括店家故事、店家特色與視覺焦點，唯有實踐徹底，才能爲老店找到同行無法複製的定位。

老店改造是漸進式發展過程。張庭庭指出，開始做的時候不必企圖改造街區裡的每一家店，先縮小範圍，集中做出幾個亮點店家，清楚呈現改造後效應竟然像珍珠煥發光彩。其他店主看在眼裡，必然生起「有爲者亦若是」、「我將取而代之」的想法。從一家店影響另一家店開始，最後擴散至整條街區，結果就像「串珠成鍊」。

其次一定要幫助店主改變思維。如果只是一家「店」，經營可能偏向「守株待兔」，鮮少有「開疆闢土」企圖心；一旦把「招牌」變「品牌」，經營策略將變得不同，自然生起擘劃格局，如增加英文品名、統一產品包裝風格、辦理各種社群行銷等等。

地方創造「自鳴性」替自己發聲

日本推動地方創生曾提出一論述：「創生成敗關鍵在設計」，關於此點楊佳璋深有同感。他認爲，以「設計思維」建立地域性品牌，是改善地方產業發展具體可行的方法，可以拉近城鄉差距，達到地方創生目標。這也是他執行國發會「地方創生～東港示範案」計畫何以將主軸定爲「設計翻轉、地方創生」，把「設計翻轉」放在「地方創生」前的關鍵因素。

楊佳璋解釋，設計思考（Design Thinking）模式最大特色在於以「人」爲本。

東港米號稱白米界「公主」，東港蓮霧冠全台，經過設計力加值，創造地方自鳴性，傳達東港土地與產業的緊密關係。（樺致形象設計提供）

地方居民一定要「創造自鳴性」替自己發聲，方法是地方人先深入盤點地方已有的「地、產、人」資源優勢，再透過「創意+創新+創業」的設計力翻轉，成功創造地方自鳴性，最後透過專業輔導，將地方的「作品、產品、商品」轉換成兼具「設計力、生產力、行銷力」的關聯效應。楊佳璋指出，如果能把地方特色做好的話，就能讓大家看見地方「唯我才有」的獨特價值，扭轉發展停滯劣勢，達成地方創生目標願景。

這讓我想起「九份鄉土館」。該館藏有一封日據時期由日本寄到台灣的家書，信封地址清楚寫著「瑞芳店守備隊」，印證「瑞芳」地名的由來。館長賴志賢曾提議，若能在瑞芳火車站旁設置「瑞芳柑仔店文物館」，可以讓遊客深入了解瑞芳的前世今生。這樣的「情境式」設計構想很符合楊佳璋強調的「創造自鳴性」。目前瑞芳火車站正進行改建工程，是建設文物館的好時機，未來台灣藝術創生文化基金會也會努力協助這些自力文史保存的鄉親。

先做出示範區　引發更多想像力

一般而言，沒看到創意、創業、創生的成功案例，比較無法想像改造後的偏鄉永續發展模式與經濟效益，一旦有案例參考，會引發更多的想像力，很快打通地方創生任督二脈。就像老濟安、澎玉191、福大同茶行改造後帶來的營銷、觀光加值成果，證明改造老街若能先選幾個地方，翻轉成創生地標和產業基地示範區，從點、線到面，翻轉成果就會擴散開來。

又如台北當代館，原本空間偏重室內展覽功能，但透過藝術攪動，展演空間延伸到館外前廣場，再從前廣場延伸到社區、線型公園，再到捷運地下街、台北火車站，周圍數公里幾乎都變成其展區，成爲最大腹地最活潑的當代藝術館。進館人數從一年約七萬人次躍升爲三十萬人次，是讓藝術走入生活的成功案例。

新舊文化交融　後站老街脫胎換骨

２０１９年交通部觀光局舉辦網路票選台灣三十個經典小鎮活動，瑞芳勇奪全台第二名，可見瑞芳地景風情令人嚮往。

依據新北市府觀光旅遊局統計年報資料，２０１９年新北四十八個主要觀光遊憩據點觀光總人次近六千萬人次，其中九份國際觀光客密度最高，瑞芳風景特定區遊客數逾五百萬人次，高居遊客人次最多排行榜第二名。

雖然每年有數百萬人次在瑞芳站中轉至瑞芳各景點，但是後站老街這一帶並未受惠，主因在於對觀光客的吸引力不足。因此老街復興的第一步應是務實思考「如何讓前往九份的觀光客停留在老街的時間從幾十分鐘延長到數小時？」只要能吸引百萬路過旅客的十分之一，就可以為老街帶來很多商機。

目前瑞芳老街協會定期舉行手作瓶燈體驗、創意市集，加上現場樂團表演，都是創造氛圍、吸引創作者及遊客的有效方式，期待瑞芳老街的市集展演能形成常態化的週末固定活動，這樣台北市西門紅樓變身文創特區的成功經驗，便能複製了。

以文化藝術設計力推動瑞芳老街創生，從一間老店改造、一條老街營造到瓶燈創意聚落，相信只要展開第一步，絕對可以讓瑞芳老街活化再生，不僅能重現往日繁榮，更因爲引進新文化融入舊文化，讓老街脫胎換骨，

瑞芳老街協會定期舉行瓶燈體驗、創意市集，為老街帶來活潑生氣。

生活在這裡的居民充滿幸福感，而這份眞正的愛與歸屬感，會是吸引人移入的最大誘因。

以文化藝術推動老街創生，可以讓老街活化再生。

box

復興老街區　用文化加值新魅力

當一家家的老店展現新面貌，當一個個小街區散發新活力，那麼這一個大區又會變得如何？台北市萬華區是一個模範區。

2007年我進入台北市府擔任台北市文化局長時，當年郝龍斌市長在「翻轉軸線，再造西區」的都市更新計畫上，進一步推行「西區風華再現計畫」。要怎麼樣讓西區「重現風華」？我認為一定要「賣老」，也就是必須保存連結它的舊靈魂，才能逐步升級擴散發揮新魅力。

講到萬華，大家一定會想到龍山寺、剝皮寮、西門町。西門町是台北最熱鬧街頭之一，尤其是電影院密度非常高，像武昌街、漢中街、西寧南路這一帶，早期因聚集不少戲院而有「電影街」之稱。我認為要推動再生，就要先恢復電影街氛圍，因此一開始將「台北電影節」重新回到西門町舉辦，並在街頭設置大型電影看板創造氛圍，加上西門町台電電箱引入塗鴉藝術家彩繪，正式讓青少年次文化檯面化，很快的就有了潮牌加電影時尚的流行感，吸引觀光客駐足。

剝皮寮老街是台北市規模最大、區域最廣、保留最完整的清代街區，全區指定為歷史街區。我擔任文化局長時，有心讓此地蛻變為藝術跟文化創意產業的示範地區，因此在重整修復後全區開放，特別舉辦「剝皮寮藝條通：古街文化節」，邀請國內外藝術家聯展、規劃傳統與現代多元演出活動。剝皮寮歷史街區新與舊的融合，飽含當代藝術創作活力，吸引電影《艋舺》在此拍攝，台北市電影委員會為此還協助封街，助其取景。

《艋舺》一炮而紅，創下新台幣三億元票房佳績，連帶著讓萬華在瞬間成為亮點，我們趁勢在拍攝主要場景歷史街區的西側，辦理「艋舺電影場景展」。剝皮寮街區結合影視行銷，成功將該街區打造成為台北市新興觀光景點，變成一個城區軸線翻轉的示範區域，而今老街已經蛻變成為一處傳統與現代兼具、藝術與文化融合之場域。

台北市西區的另一重點區為大稻埕區，最為人知的是迪化街，該處為中藥行、南北貨集散地；其實大稻埕也是戲劇重鎮，有「戲窟」稱號，因附近有霞海城隍廟，早年信眾會請歌仔戲團、布袋戲團在廟埕及廣場上演出謝神；迪化街巷內的「永樂座」更是著名的現代劇場，京劇名伶顧正秋便曾在永樂座表演京劇，演出長達五年，為京劇在台發展打下基礎。

大稻埕三十年前曾因東區興起，一度面臨沒落。為突出大稻埕戲窟風貌，我們於2009年配合「大稻埕古城重現計畫」，重新整建街區永樂市場，將八、九樓整建為「大稻埕戲苑」，有排練室、研習教室，還有中型劇場演出歌仔戲崑曲等傳統戲曲，自2010年營運以來，迄今已成為推廣傳統藝術傳承重要的場域之一。

當年為協助西區推動都市再生，台北市府動員都市更新處、文化局兩個單位，及《都市更新條例》、《文化資產保護法》兩個重要的法律工具，以鬆綁法令、提高行政效率等手段來經營西區。由此可知只要老的元素都在，再用對的策略去處理，將會很快看到復甦成果。

CHAPTER

4

● 奇廟金山媽 庇佑海角新經濟

金山慈護宮是北海岸最重要的媽祖信仰中心，鄰近的金包里老街，也就是大家暱稱的金山老街，是網路票選台灣必逛十大老街之一。

可惜兩大知名景點對外聯通腹地被金山警分局阻擋，使得遊客很難盡情體驗金包里老街上的老廟宇、老建築、老風情。

金山警分局真的無法遷移嗎？

掃描 QR Code
聆聽本章內容

金包里老街是一條有三百多年歷史的街區，既是北海岸唯一一條清代建設的商業老街，也是北部濱海僅存的百年老街。雖然老街上的百年古厝多已被翻修改建，但仍可見數間傳統式連棟店屋住宅。老街原本就是金山區市集集散地，而今街上更有著包括Q彈軟嫩、獨步全台的「金山鴨肉」等眾多美食品牌。試想，一邊吃著美食，一邊想像街道兩旁的紅磚洋樓與閩南風格平房內的古早市井生活，是不是很有趣？

金包里慈護宮　防炮彈媽祖

緊鄰金包里老街旁，建於清嘉慶十四年（1809年）的慈護宮，更是北海岸最重要的媽祖信仰中心，與金山歷史發展息息相關。根據史料記載，日據時期日軍派了一支十人憲兵隊駐守金包里街慈護宮附近，某天早晨遭抗日義軍突擊，其中九人被擊斃砍殺、一人帶傷逃走。後來日方支援部隊趕來報復，但義軍早已退至

慈護宮是北海岸最重要的媽祖信仰中心。

山林。日軍找不到人，一怒之下，放火燒了金包里街，僅慈護宮及少數建築倖存。

逃過一劫的慈護宮，正殿主祀隨先民渡海來台的「開基媽祖」，還尊奉台灣媽祖廟中少見的「二媽」，而且是「媽祖肚中有媽祖」。慈護宮現任董事長、前金山鄉長游忠義，在台灣藝術創生文化基金會主辦的「信仰的地方經濟力」論壇上細數緣由，原來「二媽」眞的是媽祖信仰上少見的一頁傳奇。

游忠義董事長指出，金山靠海，居民以捕魚爲生。早年有一句話形容漁民謀生處境：「不出去、死一家；出去、死一人。」意指，早年海象報告不如現代進步，漁民只能靠經驗判斷是否適合出海捕魚，如果不出海捕魚，沒收入，全家會餓死；但如果出海遇到海象突然變得惡劣，很可能失去寶貴性命。

相傳1796年間，有漁船出海，沒想到風雨大作，在外海迷航，漁民趕快祈求媽祖慈悲指引返航方向，不久果眞看到遠方射出一道紅光閃阿閃的，漁民順著光

游忠義董事長細數慈護宮尊奉「二媽」由來。

航行，終於看到岸邊親人，才知安全回到家了。

漁民十分感謝媽祖庇佑，極力找出媽祖在哪裡，終於在農曆四月十六日這一天，發現原本在海平面下的野柳海蝕洞因大退潮露出海面，裡面竟然有一尊約八寸高的媽祖神像。高興之餘，尊稱石洞為媽祖洞，並且想捐地建廟奉祀，然而媽祖託夢示意「想到金包里大廟與開基媽共祀」，於是1809年慈護宮落成後，特別迎奉神尊與開基媽共祀，敬稱開基媽為「大媽」，野柳神尊則成為聞名遐邇的「二媽」。

又因為大媽十八寸高，二媽約八寸高，於是廟方重新雕塑一尊比較大尊的二媽神像，再把原來八寸高的二媽放進新塑大型二媽神像肚內，成為舉世難得一見的「媽祖肚中有媽祖」神尊。

有關媽祖慈悲護佑百姓的傳說很多。有一說二戰期間，美軍對日據時期的台灣展

媽祖接炸彈傳説很適合發展成為文創小物。

開無差別空襲，金山區天空出現一位女子接住炸彈，才讓金山無巨大損傷。

游董事長在論壇中，難得針對「炸彈媽」神蹟透露一段童年往事：他在小學四年級時曾撿過一個「鋼鐵製的大東西」，當時心想「可以拿去賣錢吧」，沒想到鄰居看了後，告訴游忠義「拿到派出所請警察看一下」，警察一看對游忠義說，「死囝仔，這是未爆彈，黑白拿，會死人的。」至此他對媽祖用手接下炸彈，避免台灣人民傷亡的神蹟不再半信半疑。

二媽回娘家遶境　地方年度盛事

爲感謝媽祖福佑眾生，慈護宮每年農曆四月十五、十六日這兩天會舉行媽祖遶境及二媽回娘家盛典。十五日這一天居民恭請媽祖遶境，庇求鄉里老小平安；十六日這一天恰逢北海岸最大退潮，當初發現八寸高金面媽祖的海蝕洞會露出水面，上千位信徒會特別在這一天，由金山步行恭請陪伴金面二媽回海蝕洞娘家做客。

金包里慈護宮因建築老舊，進行原地重建，舉行臨時紅壇啟用出火安座大典。

「金包里二媽回野柳海蝕洞」祭典是全台唯一配合年度最大潮退舉辦的海岸遶境慶典，已傳承兩百多年，因爲眞實反映地方宗教及庶民文化特色，已於２０１８年公告登錄爲「無形文化資產」。

有二百一十一年歷史的慈護宮建築本體，也因樑柱、對聯、題刻與牌匾等廟體仍保有傳統建築特色，於２０１９年經新北市文資委員會會議決議通過，登錄爲有形文化資產「歷史建築」。

以上兩項登錄，證明慈護宮在信仰歷史、傳統建築藝術及工藝水準的確具備相當的文化資產歷史價值，也讓慈護宮坐鎮北海岸重要宗教信仰的地位再一次得到肯定。

廟前腹地被遮擋　游忠義提遷移案

慈護宮兼備有形無形文化資產，金山人甚感榮耀。可惜慈護宮建物正對面為金山警分局的辦公大樓，限縮了廟埕外舉辦宗教藝文活動的腹地，也妨礙了整個金包里老街文化聚落的發展。此外金山警分局的後方有一座新北市府建蓋的文化景觀公園，本意是提供當地民眾休閒活動，也因為分局大樓的屏蔽造成民眾使用率甚低，對市府設立公園休閒綠地的美意，也是一種浪費。

目前慈護宮正啟動古廟重建工程，針對金山警分局阻擋廟前廣場延伸及老街發展的問題，游董事長提出了遷移方案的想法：廟方願募款集資，在距離分局不到一百公尺的地方，買一塊空地，無償捐贈給新北市政府，做為金山分局的搬遷基地。清空後的現有基地可與金山警分局後方的文化景觀公園連成一片，寬闊的廣場空間日後就能成為金山宗教與老街文化觀光發展最大利基，也可以在停車、U-Bike 租借設施等配套上，做合理規劃。

金山警分局限縮宗教藝文活動腹地，又擋住景觀公園。

可惜構想雖好，卻有一障礙：金山分局為鋼構建築，根據政府相關規定，必須六十年才能報廢拆除，而如今金山分局使用年限不到三十年，未達拆除標準。

使用年限未達標　金山分局真的難遷移？

然而這個問題眞的無解？文化資產保存法第三十四條明訂：「營建工程或其他開發行為，不得破壞古蹟、歷史建築、紀念建築及聚落建築群之完整，亦不得遮蓋其外貌或阻塞其觀覽之通道。」新北市文化局其實可以依據文資法第三十四至四十二條的條文精神相關規定，訂定文資保存計畫，提出為確保慈護宮周邊完整風貌保存及區域發展的金山分局遷移案。

至於金山分局使用年限不足六十年的問題，我建議，可以比照台北市拆除屋齡僅十三年的「建成圓環」案例，用「都市計畫變更」來解決。

台北市圓環是不少老台北人的記憶，2002年馬英九市長將其改建成玻璃帷幕的新式建築「建成圓環美食館」，並於2003年重新開幕，然而由於玻璃建物不適合傳統美食小吃業態及氛圍，重建的圓環始終難以活絡使用，也得不到地方夜市攤商的支持。柯文哲上任台北市長後，於2016年以變更都市計畫，將原本市場用地改爲廣場用地，拆除了完工僅十三年的玻璃建築。

台北用變更手段　拆了「建成圓環美食館」

爲什麼建成圓環未達公產使用年限卻可拆除？因爲柯市府以「增加基地使用價值，重現大稻埕蓄水古蹟及歷史記憶」爲由，辦理「都市計畫變更」後即予以拆除。金山警分局已使用二十多年比建成圓環的十三年久，而且基地使用價值及促進地方創生效益更大，應可援引辦理。

打造宗教文化園區　帶動創生

地方創生要求「根據地方特色DNA，協助活化與創新地方產業，創造工作機會，帶動地方人口成長」，從這個方向檢視金山DNA，那麼濱海的金山眞的很適合從奉祀海上生靈守護神的媽祖廟——慈護宮展開創生計畫。

如果金山警分局可以移地另建，慈護宮前廣場的腹地可以往前延伸到景觀公園，再結合金包里老街聚落，寬闊的空間具有發展文化觀光及開發文創體驗的條件和潛力，絕對可以打造蛻變爲「宗教文化園區」，成爲文化觀光要地，以此帶動地方創生事業。

成功的園區　必備六大條件

根據我過去在台北市打造文創園區的經驗，一個成功園區要注意六大關鍵要素：

濱海的金山很適合從奉祀海上生靈守護神的媽祖廟展開創生計畫。

一、園區經營者要考慮當地歷史文化特色、民眾需求以及藝文社群的生態，不能只引入通俗的連鎖品牌賣店，但也不能只有曲高和寡的高端藝術；要二者兼具。

二、展場、劇場之外的純粹的商業性設施，要考量比例限制，一般來說餐飲美食最能吸引人潮，但若不適當引導置入其他文化內容，很容易淪爲無地方特色的純商業區，失去文化觀光的價值。

三、園區、街區中最好要設置小型劇場（包含音樂演出的 LIVE HOUSE）、展場這類展演空間。

四、要有可供節慶活動使用的大型戶外場地、草地或廣場等。表面看來沒有立即的商業價值，但廣場的重要性在於能靈活策劃活動聚眾，並改變園區氛圍。

五、要重視設計體驗流程，滿足消費者五感需求，這也是在網路時代線上購物的激烈競爭下，實體商店擁有的不可替代優勢。

六、園區、街區內建的育成平台或品牌孵化器也很重要，要讓各種思潮、觀念、新知匯流，可經常舉辦跨界的講座活動。一旦一個改造區塊成爲創意人才的集中地，大家在裡面感受到很濃的創意氛圍，便會激發源源不絕的創作動力，甚至提升了居民生活創意跟文明水平。

金山慈護宮若欲透過經營園區帶動推動創生計畫，必須注意以下兩個面向：

培養下一代了解歷史　認同地方

慈護宮是歷史悠久的信仰中心，培養下一代了解歷史、認同地方尤爲重要。

明道大學媽祖文化學院謝瑞隆教授在我主辦的「信仰的地方經濟力」論壇中，即以北港朝天宮迎媽祖遶境慶典爲例說明，該慶典有全台唯一的「眞人藝閣車遊行」，由小朋友、中學生打扮成神話、民間故事的主角，站坐在藝閣車上灑糖果餅乾讓大家吃平安，是北港傳統文化的一大特色，讓孩子從小認識在地民俗廟會文化。

再如宜蘭利澤簡老街中心點的永安宮，有「向王公求虎皮保平安」的地方民俗活動，地方孩童會在臉上或手上畫老虎，象徵求「福」，這項頗具創意的習俗，吸引許多家長帶著小孩一起參加，希望保佑孩童平安長大又勇敢。在傳承過程中，已有小朋友有模有樣地指導來求虎皮的人，如何跟王公請示擲筊，獲得聖筊者，就可把虎皮帶回家。

以上這兩個案例分享是民間宗教習俗如何在當代與社區學校結合很好的做法參考，未來慈護宮可以做更多，可設文史陳列館、拍紀錄片、培養學童當導覽員，傳承廟宇藝術文化。最重要的如謝瑞隆教授強調，媽祖信仰結合地方創生的意義

明道大學媽祖文化學院謝瑞隆教授強調，媽祖信仰結合地方創生可喚起民眾愛鄉意識。

程湘如打造文創品牌經驗豐富。

在於喚起在地民眾愛鄉意識、整合有形無形文化資產，以及建構居民可以多元參與的文化場域、人群網絡與文化資產的共生關係。

程湘如分享經驗　開啟宗教文創行銷金山

地方創生一定要有產業支持，老街上的店家要有新創觀念，及爲傳統產品找到新路的企圖心，頑石文創創意總監程湘如打造文創品牌的經驗值得我們參考。

程湘如是苗栗客家桐花祭品牌創建主持設計師，曾於2009年爲當時的台北縣規劃「一鄉一特色文創商品」。她的做法是先調研二十九鄉鎭的產業、文史、生態、傳奇，再針對地標、產業、觀光、民俗、信仰、祈福、美食等元素，一一量身打造文創商品。

譬如金山著名地標「燭台嶼」，象徵茫茫大海中一對不離不棄的伴侶。她以此爲靈感，設計一個白瓷佛手，上面托著燭台嶼造型的雙心蠟燭，因爲是雙層設計，當燭台蠟燭燃燒完畢，燭台外觀依在，可當永恆的定情物送給喜歡的人。

再如萬里野柳，以女王頭聞名，不僅是台灣地標更是世界地標。程湘如設計女王頭造型的手工香皂，爲女王穿上華服，戴上珍珠項鍊，當香皂用完，女王頭即消失，暗示女王頭即將消失於世，我們應珍惜與她共舞的分秒時刻。

信仰祈福元素方面，程湘如爲中和烘爐地土地公打造Q版土地公存錢包「圓夢錦囊」；爲平溪天燈設計仿天燈造型的桌燈，特別採雙層彈性布設計，在裡層列印上象徵福氣的蝙蝠，當燈光亮起，福氣隨之降臨。

三重先嗇宮主祭神農大帝，另供奉保生大帝、月下老人、觀世音菩薩等神明，她巧思設計「仙入爲主」益智遊戲盒；林口竹林山觀音寺，主神觀音，她以竹葉爲舟，金色觀音以祈福之姿站在扁舟一端，設計「心靈方舟——觀音線香盤」，當線香燃起，心音即時傳達，庇佑立即加持。

程湘如設計理念開創台灣伴手禮產業先河，爲地方農特產品增值，並將特色商品轉化爲說好故事的載體，既提升產值，建立新的產業鏈，還能達到行銷地方景點的效果，可謂一舉多得。這樣的經驗是慈護宮未來能借鏡、開創「宗教文創」、建立伴手禮產業的選擇方案之一。

金山地標「燭台嶼」經過設計後，被托在白瓷佛手上，可當永恆定情物。

野柳女王頭被設計成手工香皂，暗示她即將消失於世。

烘爐地土地公變身可愛聚財包。

仿平溪天燈造型的桌燈，當燈光亮起，福氣隨之降臨。

三重先嗇宮供奉多元神明，開發的文創商品與益智遊戲結合。

竹林山觀音線香盤是許多人心中的心靈方舟。（頑石文創提供）

新生代共創未來　賴家華與北海創生知識論壇

地方創生事業極其希望吸引青年留鄉或返鄉，所以推動相關計畫，「汪汪地瓜園」創辦人賴家華是金山知名的返鄉青年代表。

賴家華本來在台北有一個穩定收入的工作，爲了不讓年邁雙親勞累下田，毅然回鄉種地瓜。剛開始經營地瓜園的時候，遇過產量歉收、發不出薪水的窘境，直到推出「食農教育」，吸引親子下田挖地瓜焢窯，成爲最夯的親子旅遊活動，才穩住營運。

有感於單打獨鬥太辛苦，賴家華於２０１８年成立「北海創生——青年創生知識論壇」，透過每月一次的聚會，請老師分享地方創生案例，成員也以共學形式，提出創業遇到的難題，再以分組討論的方式提供解方，讓不同行業的業態思維在此激盪、共同成長。

賴家華以「共學、共享、共創」精神，一步步推動金山地方創生，做了第一份名爲「金山漫遊」的產業觀光地圖，開啟「北海共販所」，透過不同的銷售機制將產品、服務、餐食販售給遊客，推廣在地新創品牌；未來還有職人體驗學苑、金山好物集、金山Go速配、金山Way便當等共創計畫。看到賴家華從一個完全由地方自主性發起、大規模串連的城鄉發展計畫，爲金山帶來創生新希望，眞的很讓人感動。

金山雖然不產「金」，卻擁有如「金山銀山」一般的山海資源。如金山有五種

賴家華以共學、共享、共創精神，推動金山地方創生。（賴家華提供）

泉質的溫泉，被譽爲「溫泉鄉」；金山沙灘綿長潔淨，每年夏季吸引人潮來中角灣戲水；金山漁獲至今仍保留一種古老又特別的捕魚技法「蹦火仔」，以電石加水產生乙炔的方式點火誘捕青鱗魚，相較於現代漁業利用強光照明捕撈，這項傳統被視爲是較友善的捕魚法；金山的農作也很有名，甘薯、茭白筍、稻米被稱「三寶」；金山往西可到石門、淡水，往東可達萬里、基隆，往南可去陽明山國家公園，很適合兩天一夜遊。

金山目前由賴家華等人自行提出的創生計畫已被國發會核定，若能再結合金山媽祖的信仰魅力與在地青年努力，深度挖掘金山老街地方生命力、特色，透過文創產業加值，發展農漁品牌伴手禮，打造四季旅遊商機，相信青年返鄉生根、城鄉創生再造指日可待。

box

媽祖信仰的經濟力

媽祖信仰是閩台最普遍的民間信仰之一。由於早期移民多自福建閩南地區渡海而來，海上活動頻繁，多會在船上供奉媽祖，安抵後，立祠膜拜，尊為航海的守護神。可以說只要有華人，有水，就有媽祖信仰，推廣傳衍媽祖信俗文化顯得相當重要。

以台灣而言，媽祖宮廟數量達一千六百座以上，媽祖信仰人數約占全台人口六成，台語更有「三月瘋媽祖」說法，以此形容信徒每年農曆三月二十三日為恭慶神明誕生，狂熱「迎媽祖」的遶境盛況，例如：白沙屯媽祖往北港徒步進香、大甲媽祖遶境進香、北港媽祖遶境、南瑤宮媽祖潦溪、旱溪媽祖巡十八庄、南屯老二媽回娘家、台南迎媽祖、土城媽祖割香、澎湖媽祖海巡等等。因為慶典呈現出多采多姿的文化特色，2011年「白沙屯媽祖進香」、「大甲媽祖遶境進香」與「北港朝天宮迓媽祖」被行政院文建會指定為「國家級重要民俗活動」。

台灣人熱愛祈福拜拜，媽祖遶境已從單純的民俗信仰，變成極具重要性的觀光活動，伴隨而來的宮廟文化經濟產值非常可觀。

根據台灣媽祖聯誼會祕書詹茗任指出，每年全台平均逾五十萬人陪媽祖遶境，兩岸三地及國際遊客在活動期間

詹茗任表示，媽祖文化活動帶來的「廟口經濟」產值驚人。

參與人數達五百萬人，經濟規模估約百億。以大甲鎮瀾宮於每年農曆三月間舉行長達九天八夜的大甲媽出巡遶境為例，信徒參與人數每天約數十萬人，沿途信眾辦桌每天可能吃掉一億元，沿途採買伴手禮約花四億，可見媽祖文化活動帶來的「廟口經濟」影響有多大。

「三月迎媽祖」是台灣民俗文化的珍貴資產，為寶島無可取代的軟實力，明道大學於2017年成立世界第一所「媽祖文化學院」，是台灣第一所也是全世界第一所研究媽祖文化的學院，堪稱台灣民俗傳承重要的一頁。

媽祖文化學院主任謝瑞隆指出，透過媽祖學院的設置，讓媽祖文化推廣更活潑更年輕化，同時學院整合台灣學術文化力量，成為國際媽祖文化交流平台。

不只兩岸三地有媽祖廟，東亞南亞也有不少媽祖廟，甚至美國、阿根廷、法國、挪威、丹麥、墨西哥、澳大利亞、南非等國家也有少數的媽祖信仰據點。

據非正式統計，全球媽祖廟超過五千間，具一定規模者超過一千五百間，信眾超過二億人。恰如日本鹿耳島大學民俗學教授下野敏見所說：「媽祖不僅是東南亞的，而且是世界性的信仰傳播。」由於信仰圈遍布各大洲，媽祖信俗在２００９年已經正式由聯合國教科文組織登錄為世界非物質文化遺產。

媽祖文化是華人社會與文化傳承不可或缺的重要組成部分，如果金山能發揮濱海、開基媽及「媽祖肚中有媽祖」這些地方特色，成為一個宗教藝術文化產業園區，必可促進地方文旅發展，創造工作機會，提升居民休閒生活品質。

CHAPTER 5

● 從海底開始 富裕萬里新願景

萬里最有名的是「野柳女王頭」，這幾年「萬里蟹」也打響品牌名氣，但野柳目前面臨的危機，除了地質公園裡的女王頭遭風化有斷頭危機，海洋更遭遇嚴重污染困境，海底沙灘岸邊堆積了各式各樣廢棄物。美麗的北海岸不美了，怎麼辦？

掃描 QR Code
聆聽本章內容

小學生寫信給侯友宜為軟絲請命

2019年六月，一名野柳國小六年級學童主動寫信給新北市長侯友宜，懇請市長伯伯支持小學生復育軟絲的夢想。原來這名學童的父親及祖父都是漁民，過去在海港隨處可捕撈到的軟絲，如今隨著海洋生態被破壞，漁獲量不如以往。小朋友希望大人能夠保護海洋資源，把軟絲復育回來，讓大家看到家鄉美麗的海洋。

小學生的心聲，侯友宜聽進去了。2020年七月新北市特別把野柳漁港海王星碼頭周邊十三公頃海域，從萬里保育區中獨立出來，設爲新北市第一個「完全禁漁區」，除了石花菜及麒麟菜可先向市府申請後限量採捕，其他動植物皆將完全禁止捕撈，連岸際徒手及垂釣都不行。此外還打造軟絲復育基地，盼能讓野柳海域快速恢復生態多樣性。

我自己也深深被小學生單純質樸的心願感動，想要親身了解海洋深處是如何遭到

我為了解海洋保育復育，特別拜託王國昌教練指導潛水。

平生第一次潛水經驗，令我難忘。

親眼目睹骯髒的海底真相，才知海洋生態被破壞的很嚴重。

污染，以及漁源保育復育情況，因此特別拜託居住在野柳、熱愛海洋、關心海洋生態、推動軟絲復育大功臣的潛水教練王國昌教我潛水，並在考取專業潛水證照後，潛入海底了解海洋保育復育情形。

我雖然不太會游泳，但王教練明確保證：「只要做好準備、按照標準作業流程、不要逞強，潛水是很安全的。」但對於平生第一次潛水，剛開始還是免不了緊張到嗆水、耳壓失衡難受，在經過數次練習呼吸及逐漸適應水中壓力後，我終於親眼目睹海底眞相，這個經驗眞是叫我終身難忘。

親眼目睹骯髒的海底真相

我在海底見到的是層層廢漁網覆蓋珊瑚、海樹，觸目所及都是廢棄的寶特瓶及塑膠垃圾，這是一般「淨灘」看不到的駭人景象。難怪小學生會寫信給市長，替爸爸說出海底眞相。軟絲在惡劣污染的海洋環境裡，當然無法順利附著產卵。沒有新的卵，漁獲量減少，影響漁民收入，但最受衝擊的是海洋環境。

王國昌團隊努力復育軟絲

王教練在野柳海域除了積極訓練潛水志工，投入「清海」撿拾海底垃圾工作，更自五年前開始進行軟絲復育。

王教練回憶自己三十年前初到野柳，「看到海就跳下去，海底珊瑚種類豐

王國昌教練表示，三十年前潛入野柳海底，珊瑚種類豐富，現在看到的是數量驚人的廢棄物。

富，景色非常優美。」然而現在他潛入海底，看到的卻是珊瑚礁被數量驚人的破漁網及海底垃圾掩蓋，以致軟絲無法順利在珊瑚礁上的海藤、海樹產卵。加上近年海水酸化、恣意捕捉等因素，軟絲數量持續減少，瀕臨滅絕困境。王教練因此與志工團隊合作，決定幫軟絲蓋一個適合產卵的地方，這個「產房」就叫做「竹叢礁」。

王教練解釋，軟絲容易產卵但也很容易被其他魚蟹吃掉。用竹子蓋產房，不能只蓋一間，而是要建造成一座人工森林的樣子，這樣除了比較能成功「騙」軟絲來產卵，也因爲環境隱密，比較能讓軟絲卵安全長大。爲此他與團隊到山上找竹子，測試過桂竹、麻竹、蓬萊竹、箭竹等等種類的竹子，最後發現蓬萊竹比較利於拿來做竹叢礁。

「竹叢礁」製作十分不易。

投放竹叢礁後，成功復育軟絲。（王國昌提供）

「竹叢礁」的製作與投放很不容易。王教練與團隊先學習如何綑綁竹子，又經過無數次實驗，終於找出如何綁竹子才是最好的拖帶方式。綁好的竹子必須等退潮時再由人工拖往內海，通常需要半小時才能到達預定地，再交由專業潛水員拉著竹子潛入海底蓋竹叢礁，因爲海水浮力大，施工很不容易。

王教練透露，「剛開始做軟絲復育，只敢偷偷進行。」

爲什麼呢？

王教練說：「不能讓釣客知道。如果被釣客知道這邊有在做軟絲復育，再不會釣魚的人都會一窩蜂跑來，因爲一定釣得到。」王教練很感嘆，釣客偷偷違釣就算了，最糟糕的是有些釣客亂釣一通，「連三公分以下的小軟絲也釣，看了眞叫人心痛。」

軟絲身體呈半透明狀，兩側有寬大的橢圓肉鰭，好像帶著兩片水袖在海中翩翩起舞。（王國昌提供）

運用竹叢礁在海底蓋森林，騙軟絲進來產卵。（王國昌提供）

爲避免復育成功的軟絲成爲釣客的「天堂」，王教練與團隊惦惦佈建竹叢礁森林，所幸到了第二年成功復育十五萬尾軟絲，新北市府也於2019年開始將海洋防衛隊升級二・〇版，參與野柳海域軟絲復育，協助團隊進行竹叢礁投放。

海洋蒙塵　創生從淨海做起

雖然新北市府爲了維護海岸線乾淨，永續海洋生態，付出不少努力，然而2020年五月在野柳漁港辦理淨港活動，一個下午就清出二百多公斤的海洋垃圾，實在嚇人。

這些數量驚人的垃圾，有從事漁業作業的衍生垃圾如廢棄漁網具，還有釣客遊客隨手丟棄的釣線、魚鉤、玻璃瓶罐、塑膠瓶罐等一般廢棄物，除此之外還有大量的海漂垃圾。

北海岸由於地理位置及洋流的緣故，大量的外海廢棄物也向台灣漂來，造成我們很大的困擾。也許有人說海域不像陸地，沒辦法畫出明顯的界線地標，台灣因東北季風與夏季季風吹拂，才導致萬里海域生態蒙塵。無論如何，這些令人驚恐的大量海洋垃圾已讓萬里海域物種復甦緩慢、漁獲總產量下降。

萬里因爲有野柳、東澳、龜吼、萬里四座漁港，漁獲量年產約五百噸，是台灣海蟹最大集散地，2012年開始打造的「萬里蟹」品牌更是近年來台灣最成功的漁產品牌，成功刺激萬里觀光及經濟能量，除了增加漁民實質收入，同時爲附近商家創造龐大商機。另外堪稱大自然地理教室的野柳地質國家公園，其內的「女王頭」因波浪侵蝕、岩石風化及地殼運動等地質作用影響產生的罕見景觀，每年吸引逾二百萬名遊客造訪，其中八成爲國際旅客，不但是萬里，更是台灣重要的國際觀光景點。

漁港市集和女王頭讓萬里從傳統的漁獲業態，轉型爲以漁業與濱海爲主的觀光勝

野柳「女王頭」每年吸引逾二百萬名遊客造訪。

地，當我們享受海洋資源、海岸線地景賜予萬里豐碩經濟果實的同時，卻又因民眾缺少海洋保育復育觀念，讓萬里得天獨厚的海洋生態被污染得日益嚴重，海洋資源面臨嚴重考驗，若再加上後疫情時代萬里觀光人數大幅增加，觀光遊憩品質、周遭交通衍生出諸多問題，皆對萬里永續發展帶來負面衝擊。因此推動萬里創生計畫應該從關心海洋、尊敬海洋的保育復育做起，再談打造海洋生態休閒產業。

保育 嚴查販賣未成年漁獲

首先在保育方面，雖然市府已劃設保育區，限制部分漁業行為，加強保護魚類棲地，但仍可見釣客在漁港內外區域或保育區附近釣魚。由於目前缺乏管理專法，海岸巡防人員雖有蒐證移送權限，但多勸導釣客離開，然而釣客總是等海巡離開後再伺機返回，或者入夜後再來釣。面對質疑，釣客總是回答，「我們又不是在保育區內釣」、「難道保育區外不能釣？」

萬里豐碩經濟果實來自獨特海洋地景及海洋資源，創生計畫應從關心海洋、尊敬海洋的保育復育做起。

針對明知故「釣」的負面現象，建議公部門應重視稽查非法釣客與潛水狩獵員、加強海巡之稽查權限、給予當地小型舢舨漁民及巡守隊適當資源，增加支援力量，以及基於「沒有賣就沒有買」原則，執行查核販賣未成年小軟絲、發動商家與消費者聯手抵制購買未成年的小漁獲、小軟絲等，畢竟海洋生態保育，人人有責。

復育　培訓淨海志工潛水員

從復育方面來說，王教練建議公部門增加竹叢礁數量與投放時程，以及多多培訓投放竹叢礁的年輕潛水員。

我對此事，深有同感。

台灣四面環海，號稱海洋國家，然而我們的海洋政策，口號多於實際行動，導致我們對海洋與生態環境遭到破壞、沿近海漁業資源枯竭等知識十分淺薄，對實踐永續海洋的責任感不足。

以維護海洋環境來說，「淨灘」能觸發民眾環保意識，從生活中落實減塑、垃圾回收等行爲，但只能解決海洋垃圾的冰山一角，唯有「淨海」才能進一步談海洋保育、復育。然而「淨海」必須潛入海底工作，需具備專業潛水證照，對一般人而言門檻高，是有心參與卻很難做到的環保行動。

有鑑於此，台灣藝術創生文化基金會積極策辦「淨海志工潛水培訓營」及潛水證照培訓課程，提供有心加入海洋志工行列的青年潛水員培訓補助。沒想到培訓課程獲得不小的迴響，立法委員洪孟楷、新北市議員廖先翔等新生代民代全程參與三天兩夜的訓練課程。

淨海過程中，大家的心情都很沈重，尤其是看到身形嬌小的女學員一手扛起近五

Saekodive

台灣藝術創生文化基金會策辦「潛水培訓營」，培訓淨海志工。

基金會培訓出來的青年潛水員未來可以擔任復育漁群大使，為永續海洋做更多事。

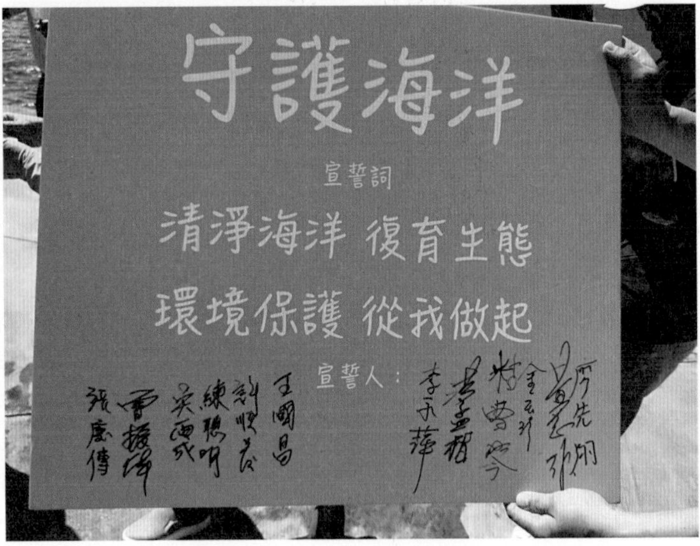

守護海洋，人人有責。

公斤的垃圾，再一一救出受困在漁網及垃圾堆中的小魚及螃蟹時，無不驚訝我們的海洋生物竟生活在這樣的環境當中。

基金會培訓出來的青年潛水員拿到專業潛水證照後，未來他們不只是下海清除海底廢棄物、製放竹叢礁，還可以擔任「復育漁群大使」角色，爲永續海洋生態做更多事。

海洋垃圾變藝術　創造新地景

2020年高雄燈會藝術節有一個用在地回收的塑膠垃圾爲材料，製作而成的大型鯨魚環保裝置藝術「愛河・愛之鯨」。作品約七層樓高，使用超過十五噸回收塑膠廢棄物，包括淨灘活動撿到的保麗龍、塑膠瓶、紙杯，及市民家中的塑膠廢棄物，再將二者以混凝土組裝而成，矗立在愛河河床，喚起大家重視海洋塑廢問題。

立法委員洪孟楷（左）、新北市議員廖先翔（右）全程參與三天兩夜的培訓課程。

洪孟楷（右）、廖先翔（左）與新北市黨部主委黃志雄（中）一同潛入海底淨海，半小時內即撿拾三大袋寶特瓶罐上岸。

對於萬里海域內的垃圾，也可以透過實作將海洋廢棄物變成一件件充滿美感的環保藝術作品。如致理科技大學通識教育中心在野柳進行「女王的呼召——野柳國際旅遊實驗基地計畫」，曾舉行撿拾海廢工作坊，由學生與居民共同將海洋廢棄物變身文創作品或是具在地特色的裝置藝術，翻轉海洋廢棄物價值。

善用水下光傳輸　建立科技感的保育品牌形象

2019年新北市府與工研院合作，首度在開放海域投放全球第一台水下（無線充電）光傳輸即時監測系統，至今已記錄許多珍貴的海底生態復育畫面。

水下光傳輸即時監測系統由工研院研發，是台灣科技實力的有力證明。經由該系統拍攝到的軟絲復育影像可以在網路上觀看，也傳送到野柳國小電視牆同步直播，讓學童從小學習關注海洋生態。然而2020年由於缺乏經費，監測系統中斷了一年，所幸2021年新北市編列了預算，盼能持續這項意義重大的計畫。

其實水下光傳輸即時監測系統不只用於學術研究或科普教育，若能整合各方資源、建立出具科技感的品牌形象，極具發展海洋觀光的潛力。

譬如與野柳地質公園合作。試想地質公園鎮園之寶「女王頭」因長期遭受風化侵蝕，也許再過十幾二十年就看不到，如果女王頭消失，那麼野柳除了靠「海面上」其他地質景觀吸引觀光客，若能再從「海面下」著手，運用水下光傳輸即時監測系統直播海洋復育之美，絕對會是難得的在地人文旅遊行程。也可與周遭旅宿業合作，既增加觀光賣點，透過直播復育海洋資源影片，可提升旅客環保意識。

萬里當務之急要找出發展新契機，進而創造工作機會。

萬里雖然沒有被國發會列入地方創生第一波優先推動名單，但一樣面臨人口快速老化的問題。截至2020年九月萬里人口數二萬一千七百多人，其中老年人口四千多人，逼近兩成，已邁入超高齡社會。萬里區漁會總幹事許順發也在論壇中表示，目前萬里漁業面臨漁源減少、年齡偏大與人才斷層等等問題，需要靠大家一起努力克服。

找尋萬里發展新契機、創造工作機會，是當務之急。

我認爲，萬里野柳海域目前遭遇的難題之一是海洋生態保育復育等課題，未來可以順勢在萬

萬里區漁會總幹事許順發（右一）表示，萬里區面臨漁源減少、年齡偏大與人才斷層等問題。

里推動「責任旅遊」的國際示範點，將「淨灘」、「淨海」、利用海洋垃圾製作藝術品、善用水下光傳輸系統直播軟絲復育等活動，納入萬里旅遊項目規劃，並透過海洋保育復育工作展開萬里創生事業，永續萬里漁業觀光產業，才能解決偏鄉產業發展工作機會不多、人口流失的困境。當然這一切工作誠如許順發總幹事所言：「要保育資源又要發展觀光又要不壓縮漁民，想要創造三贏局面，需要搭建平台、努力溝通。」

box

萬里可成為責任旅遊示範點

「責任旅遊」是國際趨勢，目標在於讓民眾旅遊時隨時注意不為環境製造不必要的垃圾，尤其是不隨便丟棄塑膠製品，還能隨手撿起被棄置的塑膠物品，投入垃圾收集容器，盡量減少地球負擔。

我們在海邊、河邊或下水道處看到的各種塑膠製品有可能直接沉積到海底，影響海洋生物棲息地，或者被分解成微粒，其中含有的一些化學物質可能被海裡生物吃下，寄存在這些生物體內，不斷地釋放毒性，成為牠們生命的一部分。當人們撈獲這些海中生物，愛其鮮美，烹為佳餚，快樂享受其味覺快感，可能也同時吃下這些塑膠成份與微粒。

事實上，微塑料汙染不是只存在海洋或水域，而是在全球已無處不有，汙染程度超乎預期與想像。它能持續排放毒性，讓動物的生育能力與速度下降，也可能製造不健康的肥胖，甚至奪取性命。

要逆轉這種現象，人類只能自救，個人儘量減少使用塑膠製品，改採其他非塑膠材質代用品，若使用塑膠製品也千萬不要隨手丟棄，特別是在我們出門旅遊或到異地活動時，應發揮責任旅遊精神，自主維護環境清潔。

目前新北市府在港區設有廢油回收桶，減少油汙汙染海洋，及裝設移動式攝影機取締違規行為，民眾也定期發起淨港活動，守護海洋環境。

未來除了繼續健全海岸線垃圾分類收集的體系與設施，積極推廣海洋教育，更應加強宣導責任旅遊觀念，令其如同不准在捷運上吃喝一般，變成人人耳熟能詳、身體力行的基本規範。只要能夠持之以恆，日久必能見效，讓萬里海洋資源永續，且具有進步價值的生活模式，成為責任旅遊示範點。

CHAPTER 6

● 推動地方創生 必須立專法

從以上幾個案例，可以了解台灣目前「地方創生」仍處於起步階段，雖然產官學界已有不少人力投入這個領域，但在實際推動上，仍然遇到兩大難題必須克服，否則恐怕成效不彰。

掃描 QR Code
聆聽本章內容

務必破除「官管民」舊思維

其一是在推動地方創生的組織架構方面，地方創生講究官民合作，必須破除過去自上而下，「官管民」、「官領導民」的思維模式，重點在激發民間自下而上的自主意識，才能找到好的創意與生機。然而這樣的理想「知易行難」，特別在資源分配上，如何在決策時引入民間專業，避免公部門「閉門造車」，推出不符合地方需求的政策方案，成爲當務之急。

現有法規多如牛毛彈性不足

其次，是在法規鬆綁及創新方面，我國法律多如牛毛且彈性不足，早爲人詬病，特別是幾十年來依不同目的立法，常有在實施時互卡及矛盾之處，對於推動新的觀念及政策尤爲不利。

事實上「法規鬆綁」及「組織再造」也是日本推動地方創生時的兩大關鍵，其經驗或可借鏡。

2014年日本政府爲了順利推動地方創生，於2015年推行日本版DMO，所謂DMO是「Destination Management/Marketing Organization」，中文直譯「目的地管理行銷組織」，所謂「目的地」也就是我們所說的「觀光旅遊地」。

其實DMO在國外已行之多年，是國外維護觀光資源的財源之一，例如荷蘭阿姆斯特丹及義大利羅馬向觀光客收取的觀光稅，城市稅，就是交給當地的DMO組織，用來維護觀光地的市容等等。

借鏡日本DMO官民合作方式

根據交通部觀光局歐陽忻憶科長2019年「從地方創生到DMO（旅遊地管理暨行銷組織）：日本地方觀光品牌營造之研究」報告介紹，日本DMO組織由官民共同組成，也就是由政府部門調派成員與民間人士以組成委員會的方式，共同商議決策所要推動的計畫。因爲計畫是在官民共識下同意推動，而且成員當中的公務人員會將計畫有關的資訊提供給相關的公部門參考，使得計畫在推展初期能順利進行，例如比較容易拿到觀光相關部門的資源補助、投入等等。

日本DMO組織具有決策力，會透過種種措施來創造對當地經濟有利的環境，藉此擴大吸引客群，例如對現有法律給予「豁免」的「法規鬆綁」措施，促進地方產業活動，振興地方經濟活力。

以跟觀光旅遊業有關的法規鬆綁爲例，適用全日本國施行的豁免法規就有好幾項。譬如旅館業者最重視最須注意的「消防法」部分，有明確規範民宿業者相關的消防設備等基準之豁免條件。

又如全日本國皆有的老舊民宅，爲活用此類歷史建築，日本也針對建築基準法給予豁免規定。例如地方公共團體事先獲得建築審查會同意豁免適用建築基準法的前提下，獲得專門委員會等認定適用同意基準之歷史建物，可以不經建築審查會之個別審查，豁免適用建築基本法。

再如全日本國的船舶飯店，有些船舶內的房間屬於無窗型，爲活用此等房型，也提供豁免規定：只要在特殊活動期間，於一定條件下，船舶上無窗戶房間可拿來作爲營業使用。

以上是針對全日本國適用的法規鬆綁「豁免」措施的幾個案例，也有針對個別地區給予的「豁免」權限，例如仙北市，該地區的農家民宿經營者，在日本國內旅行業務管理者考試部分，無須加考「旅行產品之企劃與提供」這個科目。

又如針對東京都大田區內，提供國內外旅客留宿的住宿設施，執行根據使用契約可供住宿三至十天以上，其住宿期間必須提供勞務之事業者，在得到所在地首長認可情形下，特例准許免適用「旅館業法」。

台灣應推動地方創生法立法

台灣地方創生政策也有學習日本法規鬆綁的精神。交通部觀光局於2019年七月放寬「發展觀光條例」之適用範圍，針對偏鄉原鄉地區之生態、部落體驗以及製茶研習，所提供之食宿與交通接駁服務，以與一般旅遊接待安排「性質有別」爲由，特別放寬相關服務得逕行經營，無需取得旅行社執照。然而單由觀光條例鬆綁幅度有限，不容易適用各地不同類型的需求，特別是土地分區使用的問題，難以突破。

台灣畢竟不是日本，僅透過行政組織任務編組及小範圍用行政命令鬆綁法規的方式，恐難畢其功於一役。更好的方式，應是推動「地方創生法」專法的立法。

在專法中，可以設計有效的機關組織來推動地方創生，並試著引入官民合作的決策及資源分配模式。

我國在「文化創意產業發展法」立法之後，文化部也順勢由文建會及新聞局整併而生，並有法律授權成立「文策院」，聚焦運作文化內容產業之投融資，創建良好的文創產業環境。

另外，「地方創生法」還能從源頭排除不合時宜老舊法規的適用，以創新思維達到政策目標。這一點可援引《文化資產保存法》爲例說明。

台灣過去十幾年來，能在文化資產保護及再利用上有相當突破，關鍵原因是文資法的大幅翻修。當年我在立委任內參與文資法修法時，對於古蹟、歷史建築等，爲達到開放公共使用或活化再利用的目的，對於土地容積率的移轉、消防法規如何適度彈性處理等問題，都在文資法內明訂相關流程及法律授權。換言之，當地方創生的目的跟其他現行法律產生扞格矛盾時，創生專法可以在滿足安全與環保的前提下，排除（豁免）其他法令，或提供一個在特殊條件下的修法或鬆綁方向，利於政策推動。

專法明定人口回流配套措施

當然，新的法律一定要有政策目標的積極性。我主張在「地方創生法」中，可以明定鼓勵地方人口回流機制的配套措施。也就是說，土地使用、建築法規、老舊民宅的改建、消防法規的彈性及鬆綁等等，都必須與青年返鄉、創生事業來綑綁，如此在適度地放寬非都市計畫的土地使用方式及容積率的同時，才能避免環境遭過度開發破壞、「炒地皮」等疑慮。

專法中還可授權成立「創生基金」，仿照北歐模式，政府與願意到鄉村從事新型農業或創生事業的個人投資者，做相對應的資金投融資，以達到鼓勵遊子返鄉，或年輕創客到偏鄉落地開展創生事業的目的。

此外，專法可授權地方政府制定適合當地生活機能的總體配套措施，如：育兒措施、津貼、教育、交通、住房、環境改善等等，用政府資源導引城市人口返鄉定居，有了人氣，地方自然繁榮；有了創生，才能真正解決城鄉差距、貧富差距等問題。

衷心期盼在很快的未來，台灣能擁有「地方創生」的清晰願景與實踐路徑，各界也能攜手落實偏鄉的產業再造、弭平城鄉差距，共創更美好的未來！

我在汐止成立「台灣藝術創生文化基金會」，希望達到讓青年人樂於返鄉就業、讓地方開創生機的目標。

人與土地 28

創生方舟：

社區的文藝復興，在廢墟中找到鑽石

作　　者｜李永萍
出 版 者｜財團法人新北市台灣藝術創生文化基金會
企劃統籌｜陳淑英
圖片攝影｜李依儒、陳世偉、蘇俊丞
責任編輯｜陳萱宇
副 主 編｜謝翠鈺
封面設計｜林采薇
插　　畫｜陳希文、洪瑞亭
美術編輯｜菩薩蠻數位文化有限公司

董 事 長｜趙政岷
出 版 者｜時報文化出版企業股份有限公司
108019 台北市和平西路三段二四〇號七樓
發行專線／（02）2306-6842
讀者服務專線／0800-231-705　（02）2304-7103
讀者服務傳真／（02）2304-6858
郵撥／19344724 時報文化出版公司
信箱／10899 台北華江橋郵局第九九信箱
時報悅讀網｜ http://www.readingtimes.com.tw

法律顧問｜理律法律事務所 陳長文律師、李念祖律師
印　　刷｜金漾印刷有限公司
初版一刷｜ 2021 年 1 月 15 日
定　　價｜新台幣 380 元

時報文化出版公司成立於一九七五年，並於一九九九年股票上櫃公開發行，於二〇〇八年脫離中時集團非屬旺中，以「尊重智慧與創意的文化事業」為信念。

創生方舟：社區的文藝復興，在廢墟中找到鑽石 / 李永萍作 . -- 初版 . -- 臺北市 : 時報文化出版企業股份有限公司 , 2021.01
面；　公分 . -- (人與土地 ; 28)
ISBN 978-957-13-8503-7(平裝)
1. 產業政策 2. 區域開發 3. 創意 4. 臺灣
552.33　109020120

ISBN 978-957-13-8503-7
Printed in Taiwan